KB161663

나는
사원에서
CEO가
되었다

글로벌기업 CEO가 말하는 승진의 법칙

나는 사원에서 CEO가 되었다

초판인쇄 2019년 2월 8일
초판발행 2019년 2월 8일

지은이 한인섭
펴낸이 채종준
기 획 조가연
편 집 박지은
디자인 김예리
마케팅 문선영

펴낸곳 한국학술정보(주)
주소 경기도 파주시 회동길 230 (문발동)
전화 031 908 3181(대표)
팩스 031 908 3189
홈페이지 http://ebook.kstudy.com
E-mail 출판사업부 publish@kstudy.com
등록 제일산-115호(2000. 6. 19)

ISBN 978-89-268-8700-4 03320

[글로벌기업 CEO가 말하는 승진의 법칙]

나는
사원에서
CEO가
되었다

한인섭 지음

직장인,
설레는 출근길에 서다

"당신은 설레는 마음으로 출근하시나요?"

이런 물음에 주저하지 않고 '예'라고 말할 수 있는 직장인이 몇 명이
나 될까? 그리 많지 않을 것이다. 누군가 나에게 그렇게 묻는다면 이렇
게 얘기할 것이다.

'설레던 때가 잠시 있었습니다….'

쿵쾅쿵쾅은 아니더라도 가끔 두근두근 또는 찌릿찌릿한 설렘이 있었
다. 오래 머물진 않지만 잠시 찾아왔다 사라지는, 그리고 다시 그리워지
는 설렘이었다. 적성에 맞는 일을 하고 성과를 냈을 때, 험난한 프로젝
트가 끝나고 칭찬 한마디를 들었을 때, 열정을 다한 끝에 승진했을 때,
내가 회사와 함께 성장하고 있다고 느낄 때 설렘은 찾아왔다.

이러한 설렘의 장점은 그때 느껴지던 그 환희를 마음의 서랍 속에 넣어 두었다 다시 추억해볼 수 있는 것이다. 그리고 소나기처럼 갑자기 왔다 갑자기 사라지는 것이 단점이지만, 그저 기다렸을 땐 가끔 오는 것이 내가 다가감으로써 생기기도 한다. 마찬가지로 작은 설렘이라도 내가 하기에 따라 크게 키울 수도 있다. 어쩌면 설렘의 가장 큰 특징은 부정하는 사람보다 항상 긍정하는 사람에게 자주 오는 것일지도 모른다.

이 책으로 내가 직장생활 중 느꼈던 설렘을 독자들에게 조금이나마 들려주고 싶다. 한 번이라도 찌릿한 느낌이 온다면, 나의 글쓰기는 성공한 것이다.

"내가 정말 글로벌 기업에서 CEO로 승진할 수 있을까?"
"에이~ 내가 어떻게 사장이 되겠어?"
"이제 겨우 차장인데 5년 뒤에 사장이라고요?"

이 책을 읽고 싶다면 당장 위와 같은 의문을 버리자!
그리고 어떻게 그렇게 될 수 있는지에 집중하자.
CEO에도 종류가 있다. 창업형 CEO, 승진형 CEO, 승계형 CEO. 창업형, 승계형보다는 승진해서 CEO가 되는 것이 시간도 더 걸리고 그

문턱도 높을 것이다. 나는 사원으로 입사해서 CEO가 된 승진형 CEO 다. 나와 같은 입장에서 직장생활을 하고 있을 수많은 직장인들에게, 직장에서 성공하는 나만의 비밀을 들려주고 싶다.

이 책에서는 대한민국 직장인이라면 누구나 공감할 수 있는 직장생활과 생활 속 승진 노하우, 리더십 스킬에 대해서 얘기하고 있다. 나를 혁명하는 자기 경영과 직장에서 통하는 대화법 등도 소개하였다. 순서대로 읽지 않아도 업종에 상관없이, 나이나 지위에 상관없이 유용한 직장생활 비법이 담겨 있다.

내가 사원일 때부터 CEO가 되기로 마음먹은 것은 아니다. 승진을 위해 철저히 준비하거나 연말 인사고과에 여념한 것도 아니다. 주어진 업무에 대한 책임감, 주인의식으로 바라보는 자세, 긍정적인 마인드, 새로운 것에 대한 호기심, 끝없는 자기계발…. 이런 것들이 부족하다고 느낄 때마다 나를 파괴하고 다시 채찍질하지 않았다면 지금의 나는 없었을 것이다.

직장생활, 언제 그만둘까 고민하면서 출근하지 말자. 회사라는 세계에는 수많은 기회가 있으며, 직장인이라면 그 기회를 모두 누려보아야 한다. 물론 회사에 출근하지 않고도 성공적인 삶을 사는 사람들이 많이 있다. 하지만 사람마다 자신이 처한 현실이 있기 마련이며 개개인의 역할이 모두 있다. 다만 피할 수 없기 때문에 어쩔 수 없는 마음으로 회사에 다니지는 말자는 것이다. 직장 내에서도 얼마든지 작은 기적들이 있고, 자신만의 신화를 만들 수 있다.

승진 자체를 목표로 하면 삶의 호흡이 짧아지고 허무할 때가 많다. 어디에서 무엇을 하더라도 자신의 인생을 사는 것이 중요하다. 우리를 진정으로 움직이게 하는 것은 돈이나 지위가 아니라, 열정적으로 사는 것 그 자체이다.

내가 글을 쓰게 된 것도 그러한 믿음 때문이다. 오늘도 어김없이 출근하는 이 시대의 모든 직장인들에게 이 책을 바친다. 언제 올지 모르는 승진을 기다리지 말자. 승진도 초대하면 온다.

2019년 1월
용인 동백동 서재에서
한인섭

목차

이렇게 하면
당신도 CEO

맨땅에 헤딩!
꼭 해봐라

나의 직장 경력의 시작은 말 그대로 '맨땅에 헤딩'이었다. 그때는 그
것이 맨땅에 헤딩인지도 잘 몰랐다. 사실 첫 직장을 구하기 전까지
는 학업을 계속할 생각이었지만 어느 날 갑자기 진로를 바꾸게 되어
의도한 것은 아니었다. 방황하던 20대 시절의 마지막을 보내면서 결
정한 것인데, 후회는 하지 않는다. 지금 생각해보면 그 시절이 없었
다면 현재의 나도 상상할 수 없을 것이기 때문이다. 그런 어렵고 무
모한 시절이 성공적인 직장생활의 자양분이 되지 않았나 생각한다.

시기는 2000년대 초반으로 거슬러 올라간다. 새로운 밀레니엄
의 시작과 함께 잘 다니던 대학원을 그만두고 진로를 고민하며 방황
하던 중, 건설 관련 현장 영업을 하는 회사에 우연히 입사하게 되었

다. 학연, 지연도 없는 부산에서 혈혈단신으로 근무를 시작한 것인데, 해운대 지역을 중심으로 건설 현장 고객들에게 전동공구 및 화스닝(Fastening) 관련 제품을 판매하는 일이었다.

'맨땅에 헤딩'은 이러했다. 회사 근처에 하숙집을 구한 후 첫날 출근을 했는데, 직장 선배들이 "뭐 할라꼬 왔나!(왜 왔냐)" 하는 것이다. 어떤 선배는 "니 마 금방 그만둔데이~(너는 금방 그만둘 거야)"라고도 했다. 왜 그런 얘기를 했는지는 나중에 알게 되었다. 면접을 볼 때, 지역 담당 영업소장님이 나를 마음에 들지 않아 했다는 것이다. 소장님의 상사인 영업이사께서 이번에는 '신선한 인물'을 채용해보자고 해서 우여곡절 끝에 내가 입사한 것일 뿐, 갓 대학을 졸업한 신입이 영업사원으로 입사한 경우는 내가 처음이라 했다. 그만큼 건설 현장 영업은 아직 30세도 안 된 신입사원에게는 너무 어렵고 힘들다는 것을 반증하는 것이기도 했다. 선배 영업사원들은 내가 곧 처할 상황에 대해 아주 부정적인 선입견을 품고 있었다.

진짜 '헤딩'의 시작은 그 다음부터였다. 제품 교육을 받고 영업용 차량을 받았는데 나의 면허가 장롱면허라 첫날 선배에게 1시간 정도 운전 교육부터 받아야 했다. 그것도 수동 기어 차량으로. 그 다음 날 출근을 하는데, 비보호 좌회전을 못해서 낙동강을 건너 하구언 쪽으로 한참을 내려갔다. 어딘가에서 다시 좌회전하여 강을 건너왔지만 도저히 사무실 가는 길을 찾을 수가 없었다. 결국 같은 날 입사한 동료에게 전화를 하고서야 구출될 수 있었다. 사무실 위치는 사상구 신라대학교 근처였는데, 첫 출근길을 50km정도 돌아서 갔던 것이다.

그 다음 헤딩은 회사 휴대폰을 받고 나서다. 담당 지역에 사무실이 있는 기존 고객들이 회사 휴대폰으로 전화를 하는데, 부산 사투리를 제대로 알아들을 수가 없었다. 낯선 억양을 이해하기 힘들 때도 있었지만 가끔은 전혀 들어보지 못한 말도 있었다.

"발통이 말을 안 드가 좀 늦심더~"

발통이 뭐지? 도대체 이게 무슨 말이란 말인가!

알고 보니 발통은 자동차 바퀴를 의미하는 것이었다. 발통이란 부산 사투리의 존재를 태어나서 처음 알았다.

문제는 계속되었다. 업무용 휴대폰의 전화 열 통 중 다섯 통은 술집으로부터였다. 전임자가 술을 좋아했는지 술집에서 왜 요즘 뜸하냐고 계속 전화를 하는 것이다. 그 외 은행이나 금융사에서 대출 상환을 독촉하는 전화가 올 때도 있었다. 결국 열 통 중 고작 한두 통이 고객으로부터 오는 전화였다. 이러한 형국에 나의 영업 실적이 어떠했겠는가!

건설 현장에 영업을 하러 가서도 황당한 상황은 계속 발생했다. 현장 작업자들이 나를 무시하는 것이다. 나름 배운 대로 제품을 설명하고 데모를 했는데도 내가 어설퍼 보였던 모양이다. 게다가 서울 표준어 같은 말을 쓰니까 간지러운 느낌도 들었을 것이다. 잡상인 취급이나 당하지 않은 게 다행이었다.

영업활동을 하면서 1년 이상 많은 시련을 겪었다. 제품 인수증을 확보하지 못해 돈을 떼이기도 했고, 어음으로 수금한 업체가 부도 나는가 하면 안전 규정을 어겼다고 경찰서에 불려 가기도 했다.

지금의 해운대는 강남 부럽지 않을 만큼 높은 빌딩과 고급 아파트가 들어서 있지만, 2000년대 초반에는 허허벌판과도 같은 곳이었다. 내가 건설 현장 영업을 시작했을 때, 해운대 수영만 쪽에 한화콘도 하나가 덩그러니 서 있던 기억이 난다. 말 그대로 '해운대 맨땅에 헤딩'이었다. 지금은 별천지가 된 해운대를 볼 때마다, 나의 노력과 땀의 흔적이 느껴지며 함께했던 동료와 고객들에게도 감사한 마음이 밀려온다.

내가 그런 경험을 하지 않았더라면 지금의 내가 있었을까?

아마 없었을 것이다. 어쩌면 그때 경영의 모든 것을 배웠다고 할 수 있다. 시장조사, 고객 파악, 제품 소개, 프로젝트 관리, 수금 관리, 홍보, 마케팅, 접대, 새로운 시장 개척, 신규 고객 확보 등 내가 지금 하는 일과 크게 다르지 않다. 그렇게 어렵게 현장에서 발로 뛰며 배웠기에 지금까지도 큰 자산으로 남아 있고, 감사하게 잘 활용하고 있다. 첫 경력의 시작을 힘들게 한 것에 감사할 따름이다. 여러분도 뼈저린 '맨땅에 헤딩' 한번쯤은 시도해보기 바란다.

그런 어려운 경험을 하고 나면 다른 것들이 쉽게 느껴지고 더 어려운 고난이 닥쳐도 '나는 할 수 있다'라는 생각을 하게 한다. 공학을 전공한 내가 영업을 하게 되고 용기를 내 마케팅으로 경력을 바꾸게 된 것도 그 덕분이다. 마케팅 경력을 쌓고 MBA를 수료하여 글로벌 기업의 한국지사장을 꿈꾸게 된 것도 그 덕분이다. 책 읽기를 싫어하고 글쓰기는 더 싫어했던 내가 책 한 권을 완성해가는 것도 그 덕분이다.

회사의 꽃,
영업과 마케팅

나는 영업사원으로 첫 직장생활을 시작했다. 중고등학교, 대학교, 그리고 대학원에서 공부할 때도 내가 영업을 하리라고는 생각해본 적이 없었다. 우습게도 학교 밖의 세상은 공부할 때와 별 상관이 없었다. 그러나 분명 영업의 길을 택한 것은 나 자신이었다.

공부를 계속할까 생각하다 취직하기로 마음먹고 교내의 진로상담소를 찾아갔다. 교내 진로상담소는 상담과 더불어 채용 중인 회사와 연결시켜주기도 했다. 처음 상담 예약을 하고 상담사 선생님과 면담을 했는데, 그분은 이런 말씀을 하셨다.

"자네는 영업이나 마케팅 분야로 진로를 택해야 하네."

나는 좀 어리둥절했다. 뭘 보고 그런 말씀을 하시는 건지 이해가 되지 않았다. 내 얼굴에 뭔가 그렇게 쓰여 있지는 않은 것 같은데 말이다. 그래도 상담 경력이 오래되신 분이라고 하니 일단 추천해주시는 회사에 지원해보기로 했다. 그리고 가능하면 영어를 써먹을 수 있는 회사를 원하다고 말씀드렸다.

내 조건에 맞는 회사를 여러 군데 추천해주셨지만 실제로 내 전공과는 별로 관련이 없었다. 그러다 만난 회사가 '힐티코리아'다. 유럽계 글로벌 회사로, 영업직을 채용 중이었다. 무슨 인연인지 마침 이 회사 인사 담당이 동아리 선배임을 알게 되었고, 자문을 구하고자 찾아뵈었을 때 그 선배는 이런 말을 했다.

"그래도 영업이 회사의 꽃이야…."

영업이 회사의 꽃이라니! 영업은 어렵고 힘든 일이라는 편견을 가지고 있던 나에게 신선한 충격이었다. 무언가가 꽃과 같을 수 있으려면 많은 노력과 과정이 필요하다. 어떻게 하면 영업이라는 일을 꽃처럼 만들 수 있는걸까? 선배의 첫 마디를 듣고 거부감보다는 영업이란 무엇인가 고민하게 되었다.

몇 달이 지난 후 마치 무언가에 홀린 듯이 영업사원으로 입사를 하게 되었다. 실험실에서 연구나 하려고 했던 공대 출신이 갑자기 미리 짜놓은 각본처럼 초보 영업맨이 된 것이다. 입사 후 어떤 일이 벌어질지 까맣게 모르고 말이다. 어쨌든 나는 그 운명을 당연한 것처럼 받아들였고, 험난한 영업의 길을 어느 정도 헤쳐 나가게 되었다.

CEO가 된 지금도 영업 마인드가 많은 도움이 된다. 영업을 꽃처럼 아름답게 하지는 못했지만, 되돌아보면 꽃이 피는 봄처럼 그립다. 생각해보면 세상 사는 일이 영업이라고 해도 과언이 아니다. 우리는 돈을 벌기 위해 제품과 서비스를 판매하는 활동을 한다. 하지만 돈이 목적이 아닌 경우에도 영업활동을 하게 된다.

직장에서 상사를 설득하기 위해 논리와 근거를 판다. 타부서의 직원을 프로젝트에 끌어들이기 위해 상황과 이유를 판다. 국회의원 후보자는 유권자들에게 자신의 공약을 판다. 어떤 사람은 인터넷 카페에서 유명해지려고 자신의 장점과 가치를 판다. 자식들이 최신 스마트폰을 사달라고 조르면 왜 지금은 안 되는지 설명을 판다.

이처럼 사고파는 영업활동이 없다면 정치, 사회, 경제가 제대로 돌아가지 않을 것이다. 수요와 공급의 교환이 균형을 이루고 규모가 커지면 거대한 경제라는 생태계가 되는 것이다. 규모가 큰 영업활동을 하고 시장에서 경쟁을 하게 되면 마케팅이라는 활동이 필요하다.

마케팅(Marketing)이라는 개념은 사실 역사가 그리 길지 않다. 19세기 후반부터 미국을 중심으로 발전하였다. 영업의 역사는 마케팅보다 훨씬 길지만 마케팅이 영업보다 훨씬 넓은 의미로 쓰인다. 하지만 마케팅이라는 말이 생기기 전부터 사람들은 영업을 할 때 마케팅도 했을 것이다. 판매를 돕는 것과 판매를 하는 행위를 나누어 보느냐 아니냐의 문제다. 대부분의 회사에서는 영업과 마케팅을 구분하여 일을 하지만, 결국 한 몸이라고 보아야 한다.

앞서 영업이 회사의 꽃이라고 했다. 회사를 지탱하는 요소는 많이 있지만, 경영자나 주주의 입장에서는 결국 영업활동 없이는 성과를 볼 수 없다. 씨를 아무리 뿌려도 새싹이 나오지 않는다면, 줄기가 자라지 않는다면 꽃을 피워내는 것 역시 생각할 수 없을 것이다.

나는 이 꽃피움을 돕는 것이 마케팅의 역할이라고 생각한다. 마케팅과 영업이 조화를 이루고 시너지를 낸다면 '회사의 꽃'이 제대로 필 것이다. 마케팅은 꽃을 피우기 위한 물 주기, 비료 주기의 역할로 보면 된다. 최고경영자는 이 꽃을 예쁘게, 오랫동안, 그리고 자주 피우기 위해 노력하는 정원사다.

나는 영업사원으로서 직장생활을 시작한 것을 후회하지 않는다. 영업에서 마케팅으로 경력을 쌓은 것도 정말 잘한 선택이었다. 꽃맛을 먼저 보았으니 꽃을 피우는 것의 달콤함과 꽃을 피우고자 하는 열정을 절실히 깨달았고, 꽃을 피우기 위해 필요한 재무, 인사, 물류, 그리고 서비스까지, 꽃을 피우기 위한 그 노력들은 무엇 하나 헛

된 것이 없으며 정말 중요하다는 것을 깨달았다.

한 부서에서 오래 근무하는 것도 좋지만 3~5년 정도에 한번씩 의도적으로 다른 부서 일을 도전해보는 것도 좋다. 그래야 자신이 꽃을 피울 수 있는 시기를 앞당길 수 있다.

좋은 회사
골라가기

어떤 회사가 좋은 회사일까?

세상에는 수많은 종류의 회사가 있다. 우리나라 법인기업의 수는 80만 개 정도이며, 개인 사업자를 합치면 600만 개가 훨씬 넘는다. 기업의 형태, 규모, 업종에 따라 천차만별이고 1인 기업도 많이 있을 것이다. 거래가 이루어지지 않고 있는 회사도 있고 사업장 등록이 되지 않은 채 거래를 하는 회사도 있을 것이다. 나는 회사의 종류를 크게 세 가지로 구분한다.

유럽계 기업, 국내 기업, 미국계 기업. 이 순서는 내가 다닌 회사를 본사 위치 기준으로 구분해서 쓴 것이다. 업종은 개인 취향에 따라 선택하면 되는 일이고 규모나 비전 등은 검토해서 고르면 된다.

나는 현재까지 종류별로 각각 하나씩의 회사를 경험했다. 스위스계 글로벌 기업, 국내 대기업, 그리고 미국계 글로벌 기업은 현재 재직 중이다.

내가 회사를 세 종류로 나눈 이유는 다음과 같다. 경력개발을 고민하던 중 목표로 하는 회사를 크게 분류해보기로 했다. 포춘 (Fortune) 글로벌 500대 기업을 보면 ―10여 년 전 기준으로(2000년대 중반)― 미국계와 유럽계 회사가 많은 비율을 차지했다. 일본계 회사는 타겟에서 제외했었고 국내 대기업은 꼭 근무해보기를 결심했다. 미국 및 유럽계 글로벌 기업, 그리고 국내 대기업을 경험한다면 회사별 문화와 근무 분위기를 대부분 파악할 수 있기 때문이다. 업종은 일관성만 유지하면 충분하다고 생각했다. 지금 생각해보아도 옳은 판단이었다. 전혀 다른 문화와 분위기의 회사를 경험함으로써 여러 회사를 이직할 필요 없이 풍부한 경력을 쌓을 수 있었다.

유럽계 회사는 전통을 중시하고 전략적 판단을 신중히 한다. 의사 결정이 비교적 느리지만, 한번 결정한 방향은 오랫동안 지키려고 노력한다. 복지제도가 좋은 편이며 다양성 또한 받아들인다. 미국계 회사는 공격적이며 스케일이 크다. 성과가 중요하고 주주가 누릴 수 있는 가치가 우선시 된다. 시장 상황에 맞는 분명한 전략을 보여줘야 하며, 빠른 의사 결정을 한다. 국내 대기업은 또 다른 독특한 문화를 가지고 있다. 그 특징들 중에서 장점만을 습득하고 활용한다면 견고한 경력개발이 가능하고, 경영자로서도 올바른 판단 및 의사 결정을 할 수 있는 경험이 쌓인다.

회사를 선택하는 기준은 다양하다. 연봉이 많은 회사를 선호하는 사람도 있고, 브랜드 인지도를 보고 선택하기도 한다. 회사의 비전이나 근무 분위기를 미리 검토해보기도 하고, 그냥 아는 사람을 통해 이야기만 건너 듣고 입사를 결정하기도 한다. 하지만 그렇게 각자의 기준과 방법으로 신중하게 입사했지만 막상 근무를 해보면 생각지 못했던 단점을 발견하는 경우가 더 많다. 좋은 회사가 따로 있는 것이 아니라고 생각한다. 본인이 어떤 회사를 다녔는가보다는 그 회사에서 어떤 것을 배웠는지가 더 중요하다. 힘들고 좋지 않은 경험을 통해서도 언제나 배울 수 있는 부분이 있다. 돌이켜보면 어려운 경험을 겪게 해준 회사가 좋은 회사였다.

내가 설명한 회사 선택 기준은 10년 이상 된 나의 기준이기에 이 책을 읽는 젊은 분들에게는 다른 기준이 필요할 것이다. 최근에 중국계 회사의 약진과 디지털 시대의 가속화를 감안하여 새로운 판단 기준을 만들어보기를 권장한다. 4차 산업혁명 기술이 상용화 시점에 와 있고 앞으로도 그 변화는 폭발적일 것이다. 이러한 변화는 이 시대를 사는 모든 직장인들과 경영자들이 함께 고민해야 할 것이다.

뜨거운 사람은
눈에 보인다

내가 정말 뜨거운 삶을 살았던 때가 있는지 생각해보았다. 어느 정도 뜨거워야 뜨거운 것인지 모르겠지만 가장 뜨거웠던 때는 기억한다. 어린 시절이나 사춘기를 떠올려봐도 그렇게 뜨겁지는 않았다. 세상을 조금 알게 되자 공부에, 시험에, 기계적인 '야간자습'에 시달렸기 때문이다. 그때 정말 하고 싶었던 것을 했더라면 상당히 뜨거웠을 것 같다.

학창 시절이 지난 후 그나마 가장 뜨거웠던 때는 첫 직장에 입사해서 '전동공구'를 알게 되면서였다. 공대 출신이라 거래처에서 사람을 상대하며 영업하는 일은 어색했지만 제품에 대해 파악해가는 것만큼은 정말 재미있었다. 입사하자마자 6주 정도 회사에서 진행되는 교육 과정에서 정말 신나게 질문하고 많은 것을 배웠다. 현업으로 돌아와서도 맨땅에 헤딩식의 어려움이 있었지만 제품만 보면 신이 나고 피로가 풀렸다.

우리 회사 제품의 특징과 가치, 혁신을 누구에게든 알리고 싶었다. 제품의 우수성을 전달하기 위해서라면 여기저기 아무리 많은 곳을 뛰어다녀도 두려움이 없었다. 모르는 업체 사무실에 무작정 문을 두드리고 들어가서 제품 데모를 하기도 했다. 초고층 아파트 건설 현장, 현수교 공사 현장, 지하 공사 현장 등 접근이 어려운 곳도 마다않고 찾아다녔다. 지금 생각하면 어떻게 그렇게까지 할 수 있었는지 잘 모르겠지만 낯선 현장을 찾아가는 데 고민이나 걱정을 하지 않았다. 그 시기에 내가 가진 것은 오로지 열정이었던 것으로 기억한다. 아직도 생생하게 기억이 나는 제품 데모 현장이 많이 있다.

영업부에서 마케팅으로 부서 이동을 한 후에도 그 열정은 이어졌다. 제품이 더 궁금해졌고 스스로 여러 가지 테스트를 하기 시작했다. 콘크리트를 천공하는 제품, 못을 자동으로 박는 제품, 커다란 쇠를 자르는 제품 등 닥치는 대로 테스트해보면서 나만의 기술 자료를 만들기도 했다. 한참 작업을 하고 나면 마치 건설 현장에서 막노동이라도 한 사람 같아 보였지만 별로 개의치 않았다. 전동공구를 사용하는 DIY목공에도 취미를 들여 한동안 열심히 가족들을 위한 가구를 만들던 기억도 난다.

　제품에 미쳐 있으니까 영업 실적이나 마케팅 업무 성과도 저절로 따라왔다. 회사 제품을 너무 좋아하게 되면 업무에 좋은 영향을 주는 것 같다. 나는 그때의 열정이 지금까지 나의 회사생활을 든든하게 지켜줬다고 생각한다. 그렇게 한번 깊숙하게 경험하고 나면 관련된 것들이 좀 쉬워 보인다. 전략 수립 때도 자료와 심하게 싸우지 않아도 되고, 마케팅 아이디어도 쉽게 도출된다. 2001년부터 2007년까지 7년 정도 열정에 불타오른 것 같다.

　나는 이 시절이 그립다.

　나에게 묻는다. 나는 지금 뜨거운 사람인가?

　최근 10년간을 돌아보면 조금 뜨거울 때가 있었고, 다시 미지근해지면서 이내 보통의 온도로 돌아온 것 같다. 가끔 신기하게도 그 7년간의 열정을 다시 꺼내어 쓰기도 한다. 마치 서랍 속에 오랫동안 보관했던 귀중품을 꺼내듯이 말이다. 하지만 과거의 기억일 뿐이어서 나는 한때 뜨거웠던 사람의 그림자에 불과한 미지근한 사람처럼 보여지는 것은 아닐지 스스로 경각심이 들 때가 있다.

　내가 한국지사장이라는 자리에 있으면서 느낀바를 알려주고 싶다. 높은 자리로 올라갈수록 사람관리가 중요하다. 다양한 상황에서 다양한 사람들을 상대하다 보면 달관 수준은 아니지만 어느 정도 사람 보는 눈이 생긴다.

첫째, 뜨거운 사람은 눈에 보인다.

만나는 순간 그 에너지가 느껴진다. 마치 적외선 감지기로 보는 것처럼, 성과를 내는 직원은 반드시 상사의 눈에 띈다. 회의를 하기 위해 참석자들이 미팅룸에 들어서는 순간, 그들 마음의 온도가 눈에 들어온다. 면접을 볼 때도 마찬가지다. 면접관과 면접자가 만나는 순간의 느낌이나 인상에 의해 많은 부분이 결정된다. 경험이 쌓이면 사람의 온도를 잘 느낄 수 있다.

둘째, 차가운 사람은 눈에 더 잘 보인다.

뜨거운 사람 찾는 것보다 차가운 사람 찾는 것이 더 쉽다. 마치 자다가도 한기를 느끼면 금방 알아채는 것과 같다. 회의를 할 때도 면담을 할 때도 몇 마디 나누어보면 바로 감지할 수 있다. 아마도 '온도별 인사 관리'가 가능하지 않을까 싶을 정도다.

셋째, 뜨겁긴 뜨거운데 부정적으로 뜨거운 직장인들이 많다.

긍정적인데 차가운 사람은 없다. 부정적인데 뜨거운 사람은 있다. 짜증, 화, 분노 등은 보통 열정보다 에너지가 높을 정도로 뜨겁다. 무슨 질문을 해도 부정적인 답변으로 시작하는 사람, 질문만 했을 뿐인데 짜증부터 내는 사람이 있다. 이런 사람들은 자신이 가지고 있는 에너지를 잘못 발산하고 있는 것이다. 에너지를 화내는 데 써버리면 정작 일할 때 쓸 에너지가 없는 것이다. 그런데 이런 사람들은 이 에너지의 흐름을 바꾸기가 힘들다. 충고가 잔소리로 들리기 때문이다. 그런 사람은 자신이 먼저 깨닫고 개선할 수 있도록 도와주는 것이 좋다.

뜨거운 사람이 되기 위한 나만의 마음가짐을 소개하겠다.

- 가슴 뛰게 만드는 게 진짜 열정이다.
- 도전하지 않는 것 자체가 위기다.
- 빨리 실패하고 배워라.
- '설렘'을 계속 개발하고 확장해라.
- 미쳐야 고비를 넘고 승진한다.

가슴 뛰는 일이 아니라고 금세 그만두는 사람이 있다. 다른 일을 찾아 나서겠지만 사실 가슴 뛰는 일을 찾기는 쉽지 않다. 평생 못 찾을 수도 있다. 이것은 누군가, 외부에서 가슴을 뛰게 해주기를 그저 바라기 때문이다. 가슴 뛰는 일은 본인으로부터 나온다는 것을 명심하자.

열정이 있어야만 도전할 수 있는 것은 아니다. 도전하면 열정이 생기고 열정이 커지면 다시 도전한다. 빨리 도전하고 빨리 실패하자.

'설렘'은 열정의 씨앗이라고 표현하면 어떨까? 작은 설렘이 자라서 뜨거운 열정이 되면 아름다운 꽃을 피울 것이다.

요즘 신조어로 '열정페이'라는 말이 있다. 어려운 취업 현실을 반증하는 것으로, 열정을 빌미로 한 저임금에 노동을 바치는 젊은이들이 많다는 것이다. 나는 이 젊은 친구들에게 이렇게 말하고 싶다.

'페이할 열정이라도 있으면 행복한 겁니다.'

열정이라는 것은 특정 온도를 넘어서야 타오르는 것 같다. 물은 100도가 되면 끓고, 나무는 400도가 넘어야 타기 시작한다. 물질에 따라 끓는점, 발화점, 용융점이 다르다. 사람도 마찬가지인 것 같다. 자신만의 열정 발화점이 있지 않을까? 그러니 포기하지 말고 발화점까지 가져가보자. 본인 인생이 폭발적으로 성장하는 때가 올 것이다.

성과의 법칙,
$P=FI^2$

좋은 성과를 만드는 법칙이 있을까?

성과가 좋은 직원이 가지고 있는 공통점이 있다. 직업의 종류나 맡은 업무에 상관없이 꾸준히 좋은 결과를 만들어내는 사람들의 공통점 말이다. 학교를 다닐 때도 회사에서 근무를 할 때도 성공적인 결과 뒤에는 두 가지의 특성이 항상 따라다닌다. 하나는 '집중력'이고, 다른 하나는 '실행력'이다.

집중력이 있는 직원은 짧은 시간이 주어져도 최적의 업무 성과를 보여준다. 집중력이 없는 직원은 많은 시간을 줘도 항상 업무의 완성도가 떨어진다. 신제품 출시에 대한 보고서를 1시간 내에 작성해야 한다고 가정하자. 집중력이 떨어지는 직원은 지시 사항에 대한 이해도가 부족하고, 무엇을 먼저 하고, 어떻게 해야 하는지 모르는 경우가 많다. 1시간이 지나도 보고서의 틀이 잡히지 않고 필요 없는 정보가 어지럽게 놓여 있다. 집중력이 높은 직원은 1시간을 거꾸로 계산하여 주어진 정보와 필요한 정보를 구분하고 그에 맞게 보고서를 작성한다.

집중력(Focus)과 성과(Performance)는 비례한다. 집중력이 높은 직원은 시간을 밀도 있게 효율적으로 사용한다. 업무의 우선순위를 알고 누구에게 어떤 협조를 받아야 하는지 알고 있다. 여기서 한 가지 주의해야 할 것은, 아이큐가 높다고 집중력이 높은 게 아니라는 것이다. 집중력은 기를 수 있다. 자신이 왜 집중을 못하는지 분석을 하고 개선하면 집중력이 향상될 것이다. 하나하나 꾸준하게 노력하면 얼마든지 가능하다. 현실에는 집중력을 저하시키는 요소가 너무나 많다. 정보와 기술의 홍수 속에서 집중력을 유지할 수 있다면, 분명히 남들보다 좋은 성과를 낼 수 있다.

실행력(Implementation)은 집중력보다 더 중요하다. 회사나 조직이 움직일 수 있는 것은 근본적으로 실행하는 힘이 있기 때문이다. 언제, 어떻게, 누구와 무엇을 해야 할지를 알고 있다면, 탁월한 성과를 낼 수 있다. 계획을 아무리 잘 해도 실행이 부실하면 아무 소용이 없다. 이는 신입직원이 하는 작은 업무에서 사장이 하는 사업 전략까지 모두 적용된다. 실행력이 뛰어나면 성과는 기하급수적으로 증가한다.

이러한 성과의 원리를 정리하면 다음과 같은 공식을 도출할 수 있다. 성과의 법칙이다. 성과는 집중력에 비례하고, 실행력의 제곱에 비례한다.

Performance = Focus $\times$ Implementation^2

성과 = 집중력 $\times$ 실행력^2 (P = FI^2)

성과 : 업무 수행 결과

집중력(질) : 업무의 질, 속도, 밀도, 전문성

실행력(양) : 업무의 양, 실천, 경험, 임무 완성

실행력에 대한 의미를 좀 더 자세하게 설명해보자. 실행력은 책임감을 가지고 업무를 수행 및 완성하려는 능력이다. 주인의식을 가지고 끈기 있게 노력하는 것이다. 이것이 내가 '실행력'을 'Implementation'이라는 영어 단어로 표현한 이유다. 'Implementation'에는 단순한 실행 이상의 의미가 있다. 전체가 제대로 움직일 때까지, 용기를 가지고 실행하고, 실수하고, 다시 도전하는 것이다. Practice, Action, Execution보다 한 차원 높은 의미가 있다. 이런 진정한 실행력이 있다면, 성과는 그의 제곱에 비례한다.

성과의 법칙에 대한 수치적인 예를 들어보자. 실행력이 평소 대

비 40%가 증가하면 성과는 두 배 정도로 증가한다. 실행력이 70%
증가하면 성과는 세 배 가까이 증가한다. 실행력이 100% 증가하면
(2배 증가), 성과는 네 배가 된다. 이는 개인적인 경험으로 축적한 수치
와 비슷하다.

실행력 40% 증가 : $1.4 \times 1.4 = 1.96 \fallingdotseq 2.0 \rightarrow$ 2배 성과

실행력 70% 증가 : $1.7 \times 1.7 = 2.89 \fallingdotseq 3.0 \rightarrow$ 3배 성과

실행력 100%(2배) 증가 : $2.0 \times 2.0 = 4.0 \rightarrow$ 4배 성과

반대로 실행력이 30% 감소하면 성과는 반으로 줄어든다. 실행
력이 50% 감소하면 성과는 반의 반으로 떨어진다. 실행력이 70% 감
소하면 성과는 10분의 1이하로 떨어진다.

실행력 30% 감소 : $0.7 \times 0.7 = 0.49 \fallingdotseq 0.5$
$\rightarrow$ 1/2 배 성과(반으로 감소)

실행력 50% 감소 : $0.5 \times 0.5 = 0.25$
$\rightarrow (1/2) \times (1/2)$ 배 성과(반의 반으로 감소)

실행력 70% 감소 : $0.3 \times 0.3 = 0.09$
$\rightarrow$ 1/10 이하로 성과 감소

이를 그래프로 표현하면 이해가 쉽다. 집중력은 개인에 따라 다
른 상수(Constant)로 놓고, 1이라고 가정하자. 2차원 그래프에서 x축을

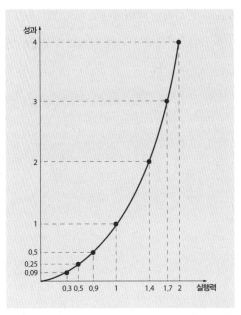

y, 성과 = [x, 실행력]²

실행력, y축을 성과라고 하자. 실행력에 따라 성과가 얼마나 크게 차이가 나는지 쉽게 알 수 있다.

　업무 완성의 90%는 실행력에 달려 있다. 전략도 마찬가지다. 컨설팅회사에 비싼 돈을 주고 전략과 비전 설정을 한다 해도, 결국 실행을 제대로 못하면 성과 또한 저조할 것이다. 실행력의 90%는 사람이다. 직원의 집중력과 실행력을 높이는 것이 회사의 현재와 미래를 위해 가장 중요하다. 화려한 학력이나 스펙이 없더라도 충분히 가능하다. 신입사원이라도 집중력과 함께 실행력을 키운다면 과장, 차장 못지않은 성과를 낼 수 있다.

2

CEO가 되는
승진의 법칙

꼭 알아야 할
승진 테크닉

임원급 또는 CEO로 승진하려면 좀 남다른 방법이 필요하다. 고정관념을 깨거나 본인이 변해야 하는 고난도의 승진 비법이다. 그런 방법은 시간이 많이 필요하고, 꾸준히 익혀서 자기 것으로 만들어야 효과를 볼 수 있다.

대리로 승진하는 방법, 차장으로 승진하는 방법이 따로 있는 것은 아니다. 직장이라는 곳은 하나의 큰 팀이 일하는 공간이기 때문에 직급에 상관없이 알아두면 좋은 것들이 있다. 간단하게 이해하고 생각을 바꿔 실행하면 즐거운 직장생활을 할 수 있다. 사원에서 중간매니저, 그리고 부서장까지 알아두면 좋은 승진 테크닉을 설명해 보겠다.

첫째, 상사가 승진해야 내가 승진할 수 있다.

상사가 꼭 부서장을 의미하는 것은 아니다. 차장이 부서 내에서 작은 팀으로 사원, 대리에게 직접 보고를 받는 경우도 있고, 차장인데 사장님에게 직접 보고하는 경우도 있다. 여기에서 상사는 자신이 직접 보고하는 바로 위의 보스를 얘기한다.

승진이라는 것은 위로 올라갈수록 그 문이 좁아지고 더 어려워진다. 하지만 바로 위의 상사가 승진하거나 다른 부서로 이동하는 경우에 본인에게 승진의 기회가 생긴다. 따라서 부서 및 회사 전체의 조직 구조를 잘 파악하고, 인사이동이 발생하는 메커니즘을 잘 이해하고 있어야 한다. 인사발령이 본인의 의지와 상관없이 발생하는 때도 있지만, 중요한 것은 기회가 왔을 때 본인이 얼마나 준비가 되어 있느냐이다.

상사가 승진할 수 있게 항상 도와주려는 마음가짐을 가지고 있어야 한다. 상사의 고민이 무엇인지, 무엇을 도와주면 되는지, 평소에 대화를 많이 나누어야 한다. 상사가 마음에 들지 않더라도 큰 그림을 그리며 받아들이고 포용해야 한다. 말도 안 되는 업무 지시가 있어도, 성과에 대한 평가가 불공평해도, 일단 상사 편을 들어줘야 한다. 나중에 조언을 구하거나 질문을 해도 늦지 않는다. 성급하게 대들거나 감정적으로 대응하지 말자.

둘째, 누가 무엇을 잘못해도 칭찬부터 하자.

칭찬하는 것도 연습하지 않으면 실력이 늘지 않는다. 어떤 사람은 잘한 것 아홉 가지와 못한 것 한 가지를 보고 못한 것 한 가지만 지적한다. 어떤 사람은 잘한 것 한 가지와 못한 것 아홉 가지를 보고 잘한 것 한 가지를 먼저 칭찬한다. 이것이 바로 우리 자신이 변해야 하는 이유다. 내가 긍정적으로 변해야 상대방의 긍정적인 면을 볼 수 있다.

한 가지 예를 들어보자. 어떤 마케팅 직원이 신제품 출시 행사로 새로운 개념의 프로모션을 기획했다. 그의 부서장과 영업직원들은 프로모션 결과에 대해서 확신이 없었지만, 그래도 계획한 대로 예산을 집행해서 진행했다. 결과는 대참사였다. 계획한 판매 금액의 50%에도 미치지 못한 것이다.

이때 상사가 "야… 똑바로 안 해? 내가 뭐라 그랬냐!" 같은 말을 하면, 그 마케팅 직원은 엄청난 스트레스를 받고 기가 죽을 것이다. 하지만 반대로 "야, 괜찮아~ 아주 신선한 시도였어. 다음에는 이렇게 한번 해보자!"라고 한다면, 오히려 힘이 더 나서 개선된 프로모션을 할 수 있을 것이다. 결과만 놓고 평가하지 말고 새로운 것을 시도하고 실패하는 용기 자체를 칭찬해야 한다. 이런 칭찬하기는 지위에 상관없이 가능하다. 부하직원에게도 효과가 있고 상사를 칭찬해도 효과가 좋다. 아무리 권위적인 상사라 해도 다른 사람이 칭찬해주는데, 험악한 인상을 보여주는 경우는 거의 없다.

실제로 직원들은 자신이 한 업무에 대해 칭찬을 듣고 싶어 한다. "수고했어!" 짧은 말 한마디도 진심을 담아서 하면 충분하다. 칭찬은 평범한 직원을 기쁘게 하여, 비범한 직원으로 만들 수 있다. 칭찬이 몸에 밴 사람 주변에는 긍정에너지가 있어서, 많은 사람이 가까이 가고 싶어 한다.

이런 칭찬의 마술은 본인에게도 적용할 수 있다. 자신의 장점을 잘 찾아내는 사람은 남의 좋은 점도 쉽게 알아본다. 쉽게 알아봐야 표현도 망설이지 않고 한다. 본인이 실수해도 스스로 칭찬할 줄 알아야 한다.

'나는 잘했다. 나는 실패해도 다시 일어선다. 나는 실수할 용기가 있다. 오늘도 우리 모두 칭찬!'

셋째, 업무 외에 직원들과 함께하는 시간이 더 중요하다.

직원 결혼식에 가는 것이 중요할까?

밀린 업무 끝내는 것이 중요할까?

둘 다 중요하다. 하지만 상황에 따라 결혼식 참석이 더 중요하다. 본인이 무엇을 얻고자 하느냐에 따라 다른 일을 미루고라도 가야 한다. 결혼식, 돌잔치, 장례식 등의 경조사에 가서 축하하고 위로하는 것은 기본이다. 그런 곳에 가면 평소에 무심했던 직원들과 얘기도 하고, 새로운 정보를 듣기도 한다. 예전에 퇴사했던 직원과 인사할 수도 있고, 인맥을 넓힐 기회도 온다. 다른 부서장과 자연스럽게 진지한 얘기도 하고, 경력개발을 위한 아이디어도 얻을 수 있다. 모든 경조사에 참석할 필요는 없다. 가끔 가더라도 업무에 묻혀 있던 자신을 발견하고, 새로운 마음으로 근무하는 것이 중요하다.

경조사 외에도 회사 워크숍이나 외부 교육 등에 참석할 때 자신을 가다듬는 시간을 갖자. 사무실에 앉아서 업무를 보는 것도 중요하고, 협력업체와 회의를 하는 것도 중요하다. 사무실 안과 밖의 일이 조화를 이루면, 직장생활이 더욱 즐거울 것이다.

넷째, 성과가 좋다고 꼭 승진하지는 않는다.

성과는 성공의 필요조건이지 충분조건이 아니다. 아무리 판매실적이 좋은 영업사원이라도, 회사 규정에 어긋난 일을 한다면 승진을 할 수 없다. 재무부서 직원이 대차대조표를 완벽하게 작성하더라도, 단돈 1,000원이라도 빼돌린다면 징계를 받아야 한다. 마케팅 직원이 광고를 아주 멋있게 기획해도, 회사 브랜딩 규정에 어긋나는 디자인을 한다면 소용이 없다.

좋은 성과를 내는 것도 중요하지만, 회사가 규정한 기본 규정과 가치를 우선시해야 한다. 그 기본 위에 성과를 더해야 승진이 가까이 오는 것이다.

다섯째, 사내에서 정치가 필요하면 적극적으로 하자.

직장생활을 하다 보면 본의 아니게 정치를 해야 하는 상황이 발생한다. 알고 보면 회사라는 조직은 정부나 국회의 구조와 크게 다를 게 없다. 정부에 부와 처가 있듯이 회사에는 부서가 있다. 국회에 지역별 국회의원이 있듯이, 회사에는 지역별 영업사원이 있다. 직장에서 발생하는 정치적인 상황을 추잡한 일이라고 터부시할 필요는 없다. 정치가 필요하다고 판단되면 규정에 어긋나지 않는 선에서 하면 된다. 단, 긍정적인 방향의 정치여야 한다.

미국에는 로비스트(Lobbyist)들이 합법적으로 활동한다. 그들이 활동할 수 있도록 엄격하고 투명한 규정이 법으로 명시되어 있다. 특정 단체의 이익을 대변하고 입법 과정에 반영하기 위해서다. 마찬가지로 직장에서도 규정을 지키고 상식적으로 이해할 수 있는 선을 지키며 정치활동을 하는 것은 큰 문제가 아니다. 하지만 개인의 이득만을 추구하거나 부서나 회사를 부정적인 방향으로 몰아가는 정치는 피하도록 하자.

다음과 같은 예가 긍정적인 사내 정치다.

- 중요 프로젝트에 전문성이 높은 직원을 팀원으로 끌어들이기 위해, 사장님에게 로비하는 행위.
- 성과를 가로채는 직원들을 가려내기 위해, 인사부서장에게 공정한 직원 평가를 부탁하는 일.
- 마케팅 직원이 브랜딩활동에 집중할 수 있도록, 재무부서장에게 예산 승인 간소화를 요청하는 것.

여섯째, 회의에서는 주최자인 것처럼 행동하라.

회의 참석자 중 회의를 제일 잘하는 사람은 회의를 주최한 사람이다. 회의 자료를 점검하고, 참석자를 확인하고, 아젠다를 다시 검토하고, 빔프로젝터는 잘 작동하는지 확인하는 등의 준비 작업을 누군가는 해야 한다. 준비된 주최자는 그런 사항을 점검하고 회의를 하므로, 밀고 당기는 조절을 할 수 있다.

내가 주최자가 아니더라도 회의에 대한 주인의식을 가지고 임해야 한다. 이런 고민을 해야 즐거운 직장생활이 된다. 미팅 자료도 미리 점검해보고 질문도 준비하고 주장도 펼칠 줄 알아야 한다. 신입사원이라도 회의 중에 준비된 자신감을 보여주면, 돋보이는 존재가 된다. 부서장이라도 넋 놓고 있으면 남들에게 끌려가게 된다. 회의에 집중하는 직원은 회의 후에 발생하는 추가적인 업무도 신속하게 처리할 수 있다.

일곱째, 필요한 정보가 자기한테 오게끔 만들어라.

우리는 정보의 홍수 속에서 살고 있다. 그 홍수에서 헤어나오지 못하는 사람이 많다. 정보를 찾아서 익히고 관리하려고 하지만, 사실은 정보가 우리를 압도하고 있다. 필요한 정보를 원하지만, 불필요한 정보가 더 많아서 길을 잃기도 한다.

정보가 많은 것이 꼭 좋은 것은 아니다. 불특정하고 무분별한 정보를 그저 가지고만 있는 것은 오히려 필요한 때 적절한 정보를 떠올리는 데 어려움을 줄 뿐, 정말 필요한 정보, 유용한 정보, 관련이 있는 정보를 확보해야 방향 설정이나 의사 결정을 하기가 쉽다.

너무 많은 정보를 힘들여 찾아가지 말고, 필요한 정보가 나에게 오게 한다면 가장 효율적인 정보 관리가 가능하다. 시간과 에너지를 절약할 수 있는 것이다. TV 채널을 돌리면 채널마다 다른 정보가 나오듯이, 직장에서도 정보의 채널 관리가 필요하다.

정보의 채널로 인터넷은 오히려 적당히 사용하는 것이 좋다. 나는 직장에서 발생하는 중요 정보를 제시간에 확보하기 위해서 정보 제공자를 관리하고 있다. 부서별 돌아가는 일을 다 파악하고 있는 직원들과 유대관계를 형성해야 한다. 내가 가지고 있는 정보, 그리고 그들이 가지고 있는 정보를 교환하는 것이다. 나만 알고 있는 이슈를 살짝 흘리면, 그들도 그들만 알고 있는 사건에 관해서 얘기한다. 정보를 밀고 당기면서 사고파는 것이다. 이 관리를 잘하면 나중에는 따끈따끈한 최신 정보가 나에게 알아서 온다.

직원들 외에도 건물 관리하는 아저씨, 청소하는 아줌마들도 좋은 정보제공자다. 나는 아침 7시쯤에 출근해서 그분들과 매일 인사를 하고 가끔 사적인 얘기도 한다. 친분이 어느 정도 형성되면, 그분들이 먼저 인사하고 살갑게 다가와준다. 그리고 그분들이 본, 우리 회사에 관한 정보를 나에게 얘기한다.

"누가 음식물을 치우지도 않고 그냥 가요."

"그 직원이 담배꽁초를 아무데나 날려서 화재 위험이 있어요."

"저 여직원은 정말 마음씨가 곱더라고요."

사소한 듯하지만 이런 정보가 있으면 회사 내 분위기 파악과 사람 관리가 수월하고 직장생활의 발걸음도 가벼워진다. 회사 경영에서도 채널 전략이 중요하듯, 정보 관리도 채널 관리가 중요하다. 한 가지 채널만 고집하지 말고, 다양한 정보 채널을 개발하고 관리하자.

여덟째, 풀리지 않는 문제는 종이에 써라.

회사에서 일하다 보면 몹시 어려운 업무와 씨름하는 경우가 많다. 고객 불만사항, 품질이슈, 투자계획, 인사문제, 신제품 전략 등 어떤 이유로든 해결이 안 되거나 진척이 없는 상황에 직면한다.

이럴 때 나는 일단 종이 위에 문제의 핵심 키워드를 적는다. 메모지나 다이어리보다는 A4 같은 큰 백지 위에 적는 것이 좋다. 또는 화이트보드도 좋다. 반드시 수기로 적어야 한다. 파워포인트, 엑셀 같은 디지털에서 일단 빠져나와야 한다. 아날로그 방식으로 돌아가서 긁적이고 다른 각도에서 바라보아야 문제의 실마리를 잡을 수 있다.

문제의 제목과 관련 단어들, 그리고 생각나는 짧은 문장을 적다 보면 본인도 모르게 입체적인 사고를 하게 된다. 제3자의 시각에서 객관적으로 분석을 하여 문제 해결 방법 또는 대안이 떠오르는 것이다. 장기나 바둑도 옆에서 훈수 두는 사람이 수를 더 빨리 읽는 것과 비슷한 원리다.

아홉째, 어떻게 하면 귀여울지 고민해라.

귀여운 짓 잘하는 직원을 더 좋게 평가하면 공정하지 않은 걸까?

귀여움의 기준은 사람마다 다르다고 생각한다. 내 기억에 귀여운 짓을 잘한다고 생각했던 직원들을 떠올려보았다. 상사를 칭찬하면서 자기를 낮추는 직원. 어떤 상황에서도 밉지 않게 말하는 직원. 언제나 반전이 있는 직원. 적당한 애교와 유머가 있는 직원. 그런데 신기하게도 이런 직원 중에 성과가 나쁜 직원은 거의 없었다. 나는 그런 직원들을 공정하게 평가했다고 생각한다. 긍정마인드가 다른 형태로 드러나는 것이 귀여움이라고 생각한다. 나는 개인적으로 귀여운 짓을 잘 못하는 사람이다. 귀여움도 유머처럼 타고나는 모양이다.

지위가 올라가고 부하직원이 늘어나면, 사람 관리가 쉽지 않다는 것을 깨닫는다. 지독하게 말 안 듣는 직원 때문에 부서장이 고생하기도 한다. 때로는 상사 때문에 받는 스트레스보다 부하직원 때문에 받는 스트레스가 더 크다. 그럴 때는 상사가 귀여움을 떨어야 하는 모양이다.

승진하는
보고서 작성법

'사업은 보고서로 시작해서 보고서로 끝난다.'

사업을 시작하려면 사업자등록증을 발부받아야 한다. 사업을
그만하려면 폐업신고를 해야 한다. 사업자등록증은 일종의 보고서
로 볼 수 있다. 개인사업자, 법인사업자 모두 정부에게 '내가 이렇게
사업을 시작합니다.'라고 보고하고 등록하는 것이다. 사업자등록증
을 보면 상호, 성명, 개업연월일, 등록번호, 사업장 소재지, 사업자의
주소, 업태, 종목 등 한눈에 알아볼 수 있도록 한 페이지에 일목요연
하게 정리가 되어 있다.

사실 내가 말하고자 하는 보고서에 관한 애기는, 사업자등록증

안에 모든 힌트가 들어 있다. 간결하고 군더더기 없이 논리적이며 상세한 숫자까지 알려주는 보고서! 이보다 완벽한 보고서가 있을까?

직장에서 우리는 사업을 시작할 때와 같은 초심을 잊고 사는 것 같다. 사업을 시작할 때 간직했던 그 설렘이, 넘쳐나는 보고서와 각종 문서에 갇혀버린 것은 아닌지 반성하자. 그리고 어떻게 하면 설렘을 다시 찾을 수 있는지 고민해보자.

개인적으로 나는 '사랑하는 연인에게 하는 프러포즈(Propose)'를 최고의 보고서 중 하나라고 생각한다.

대부분 남자가 여자친구에게 프러포즈하는 것을 상당히 부담스러워한다. 짧은 시간에 완벽하고 감동 있게 끝내야 하기 때문이다. 프러포즈하는 순간만큼은 여자친구가 VIP 고객이고 사장이나 다름없다. 프러포즈가 혹시 잘못된 결론으로 치닫지 않도록 긴장을 늦추지 않고 최선을 다해야 한다. 최종 승낙을 받기 위해서 미리 철저히 파악하고, 준비하고, 계획하고, 실행해야 한다.

다음과 같은 프러포즈가 진행된다고 가정해보자.

때는 2005년 가을 즈음. 여러 상황을 고려해서 날짜를 잡았다. 여자친구가 야근이 있지는 않은지, 다른 약속은 없는지 미리 우회적으로 물어보고 안정적으로 날짜를 정한 것이다. 그녀가 프러포즈 현장에 도착하기 전까지는 철저한 비밀 유지가 필요하다.

퇴근하고 나오는 그녀를 차에 태우고 서울 근교의 카페로 데리고 간다. 뒷마당에 100평 규모의 정원이 있는 예쁜 카페다. 카페에 도착하고 테이블에서 간단하게 커피 한잔 마시면서, 겨울에 함께 갈 여행 얘기를 한다. 유쾌한 잡담을 마치고 뒷마당으로 데리고 나가자, 준비한 조명이 비춰지며 준비된 사회자가 멋있게 멘트를 날린다.

그 순간 자신을 위한 프러포즈임을 직감한 그녀의 얼굴에는 어느 때보다 더 환한 미소가 퍼진다. 남자친구는 정성을 다해 준비한 러브레터를 그녀 앞에 서서 진지하게 읽어 내려간다. 그리고 사랑스럽고 간절하게 프러포즈한다. 그녀의 표정은 사뭇 진지하기도 했지만 그의 프러포즈 반지를 받는 순간 다시 꽃처럼 화사한 미소가 번지고, 결국 그의 프러포즈를 '승낙'한다. 그리고 그는 오랫동안 연습한 노래를 그녀에게 불러준다.

이런 프러포즈를 한다는 것은, 보고서를 작성하고 상사에게 보고하는 것과 크게 다르지 않다. 이 정도 준비하려면, 3개월 정도 고민하고, 조사하고, 계획하고, 적지 않은 리허설도 필요하다. 30분 정도 진행될 이벤트(프러포즈)를 위해서 말이다. 이런 보고서에서는 '5W 1H'의 육하원칙[누가(Who) 언제(When) 어디서(Where) 무엇을(What) 어떻게(How) 왜(Why)]이 모두 필요하고 기승전결도 반드시 있어야 한다.

프러포즈(Propose)라는 말 자체가 우리가 직장에서 만드는 제안

서, 품위서 등과 같은 의미가 있다. 그리고 상사나 사장에게 승인
(Approval)을 받아야 하는 것처럼, 프러포즈에서 연인에게 결혼 승낙을
받아야 하는 것도 비슷하다. 또한 프러포즈에는 광고, 마케팅을 위한
기획서를 작성하는 것과 같은 속성도 가지고 있다. 연인에게 불러줄
노래는 이벤트의 최고 절정이라고 할 수 있다.

프러포즈 전체를 '기획'이라고 말한다면, 러브레터는 '사업계획
서'를 작성하는 과정이라고 할 수 있다. 프러포즈용 러브레터는 이
런 구조를 가진다.

'내가 옛날부터 이러저러해서 지금은 이렇고, 앞으로는 그렇게
할 테니 결혼을 허락해주면 저렇게 하겠다.'

이를 사업계획서에 대비하면 이렇다.

'청소기 시장에 최근 이런 트렌드가 있고 현재 시장 규모는 이
렇고 앞으로는 그런 모습으로 변할 테니 승인해주시면 저런 투자를
하겠습니다.'

사랑의 프러포즈를 잘하는 직원이라면 다양한 보고서 작성도
잘할 것이다.

보고서라는 이름으로 분류되는 문서가 너무 많다. 주간, 월간 등

으로 영업, 마케팅, 생산 관련 정기보고서, 회의보고서, 그리고 출장, 워크숍, 세미나 등이 발생했을 때 작성하는 보고서가 있다. 이 밖에 제안서, 기획서, 품의서, 클레임보고서 등도 자주 작성하는 보고서다. 이런 문서 작성과 회의는 지위에 상관없이 여러 형태로 직장인들을 괴롭히고 있다.

특히 CEO라는 직위에 있다 보면 다양하고 많은 보고서를 검토하게 된다. 이는 기본적으로 사업을 운영할 때 필요한 의사 결정을 하기 위한 것이다. 나의 경험으로는 하루에 50통 이상의 이메일을 받으면서 크고 작은 의사 결정을 20건 이상 하는 경우가 많다. 기본 업무를 하면서 1시간에 의사 결정 2건 이상을 해야 하는 것이다. 여기에 해외 출장, 워크숍, 트레이닝, 고객 행사 참석 등을 고려하면 CEO의 하루는 정말 분초를 다투는 상황으로 치닫게 된다.

내가 하루에 검토하는 승인 관련된 품의서만 나열해도 10가지가 넘는다. 가격 승인, 신용한도 승인, 신규고객 등록 승인, 영업비용 승인, 신제품 출시계획 승인, 분기전략 승인, 구매오더 승인, 자산구매 승인, 접대비 승인, 항공료 승인, 출장 승인, 복지비 승인, 컨설팅 비용 승인 등 실제로 내가 자주 검토하고 승인, 재작성 또는 취소하기도 한다.

CEO의 고충에 대해 토로하고자 하는 것이 아니다. 이만큼 많은 보고서를 보기에 이런 CEO의 관점에서 바라본 잘난 보고서, 못 난 보고서의 특성을 가려볼 수 있는 것이다.

- 잘난 보고서의 특성

  - 보고서를 보는 순간 의사 결정이 가능하다. 1초 이내에 판단이 가능한 때도 있다.

  - 한눈에 봐도 끌리는 아이디어가 있다.

  - 데이터 및 근거를 최적으로 제시한다.

  - 무엇을 결정해야 하는지 빠르게 알려준다.

  - 두괄식으로 결론부터 제시한다.

  - 나중에 다시 볼 필요가 없고 한 번 결정한 뒤 머릿속에서 지워 버릴 수 있다.

  - 고객의 반응이 보고서에 보인다. 현장이 눈에 어른거린다.

  - 실행 계획이 확실하고 방향을 제시한다.

  - 디테일(Detail)이 있으면서 스케일(Scale)도 있다.

- 못난 보고서의 특성

  - 제목과 내용이 일치하지 않는다.

  - 요청한 사항을 잘못 이해하고 작성한 것이 보인다.

  - 장황하게 설명하는 데 비해 구체적인 내용은 없다.

· 비논리적인 데이터와 근거가 눈에 금방 들어온다.

· 보고자의 방어 자세가 처음부터 보인다.

· 3Why(3번 연속 이유를 물으면)를 하면 답을 못한다.

· 딱 봐도 주인의식(Ownership)이 없어 보인다.

· 분석이 99%, 의견은 1%밖에 안 된다.

· 여러 번 봐도 이해가 안 된다.

일정이 바쁜 부서장, 임원, 또는 사장님을 설득하려면 잘난 보고서를 작성하는 것이 중요하다. 하지만 그것만으로는 충분하지 않다. 이외에도 보고로 승진하는 직장인이 되기 위한 가이드라인을 설명해보겠다.

첫째, 보고할 대상에 대한 유형을 파악해야 한다.

보고라는 것은 대부분의 경우 지위 높은 사람에게 하는 대화다. 보고받을 대상에 대한 파악을 못하면 잘난 보고서를 작성해도 헛일한 경우가 발생한다. 상사의 취향을 먼저 파악하고 보고서를 작성하는 것이 좋다. 그래프를 사용한 도식화를 좋아하는 상사, 한 페이지 요약을 좋아하는 상사, 실행 계획(Action Plan)을 주로 요청하는 상사, 근거 자료의 정확성을 보는 상사 등 여러 유형이 있다. 이 유형을 파악한 후 간결하고 이해하기 쉬운 보고서를 작성한다면 시간 절약도

가능하고 유연한 의사 결정도 가능하다.

CEO로 승진하면서 한 가지 느낀바를 얘기하고 싶다. 지위가 높을수록 보통 숫자에 강하다. 재무 출신이 아니더라도 숫자의 흐름을 보고 경영에 대해 판단을 하는 경우가 많은 것이다. 회사라는 것은 숫자로 시작해서 숫자로 끝난다고 해도 과언이 아니다. 나 또한 주요 업무지표, 제품에 관련한 정보, 시장 상황, 고객 정보 등의 많은 부분을 수치화해서 외우고 있다. 경험적으로 몸으로, 머리로 동시에 파악하고 있다. 따라서 중요한 보고일수록 데이터나 자료에 대한 간결함과 정확성이 중요하다.

둘째, 보고서를 작성하는 것보다 보고할 방법 또는 형태를 더 현명하게 정해야 한다.

보고 방법은 전화 보고, 이메일 보고, 1 대 1 구두 보고, 원격 화상 보고 그리고 회의실에서 발표하는 보고 등이 있다. 어떤 경우에는 회의실에서 여럿이 하는 보고보다 전화로 신속하게 보고하는 것이 더 효율적일 때가 있다. 어떤 경우에는 1 대 1 구두로 하는 것이 제일 효과적인 보고 수단이 된다. 보고 방법이 결정되면 이에 맞는 적절한 양식을 잘 선택해서 작성해야 한다.

한번은 이런 일이 있었다. 시스템 변경 때문에 아시아 본사의 협조가 필요한 건이었다. 어느 날 나에게 참조로 이메일이 왔는데,

중요하고 긴급한 사안처럼 보였다. 그런데 이메일의 날짜를 거슬러 가보니 거의 1년 전에 시작된 이메일인 것이다. 요청 사항은 간단했지만 진행이 잘 안 되니까 누군가 결국 나를 참조에 넣은 것이다. 이런 경우는 담당자가 아시아 본사와 화상회의를 하거나 통화로 신속하게 의견을 주고받았어야 한다. 아니면 부서장, 임원, 사장에게 적절한 시기에 보고하거나 요청 사항에 대한 진행이 어렵다면 요청을 취소하는 것이 좋았을 것이다.

셋째, 보고서를 쓰는, 그리고 보고를 하는 마음가짐은 '내가 이 회사의 주인이다'라고 생각하면 제일 좋다.

주인의식이 없는 사람은 1분만 얘기해도 냄새가 난다. 해당 예산을 내 돈처럼 생각하는지, 내 사업이라고 생각하고 보고서를 만든 것인지, 몇 가지 질문만 해보면 금방 알게 된다. 주인의식이 없는 사람은 의견이나 방향성도 썩 좋지 않다.

'작년에 사용했던 예산이라서요' 또는 '경쟁사들이 투자하고 있으니까요'라는 식의 설명은 주인의식이 부족한 직원이 하는 말이다. 자기 생각이 없거나 내용 파악을 제대로 못하고 있거나 전략적인 마인드가 부족한 경우다.

주인 의식이 있는 직원은 여러 가지 상황을 분석하고 최선의 제안을 준비한다. 투자와 효과를 항상 예측하고, 같은 자산으로 최대의 효과를 도출하는 방법을 고민한다.

넷째, 생각하기와 자료 준비하기를 동시에 하는 것이 중요하다.

보통 하나의 보고서를 만들기 위해서는 자료 준비를 먼저 한다. 나 또한 작성은 나중을 예정하고 일단 자료부터 많이 준비하려는 습성이 있다. 자료라도 충분히 있어야 마음이 편하기 때문이다. 하지만 자료가 많다고 좋은 보고서가 되는 것은 아니다. 자료는 상황 분석이나 논리를 뒷받침하기 위해 꼭 필요한 것이지, 보고서의 결론에는 결국 자신만의 생각을 불어넣어야 한다. 바보처럼 자료를 나열식으로 그저 쌓아놓는 것이 아니라 자료를 활용하여 결론을 이끌어내야 하는 것이다.

따라서 자료를 준비할 때는 보고서의 큰 그림을 생각하기, 또는 구상하기를 동시에 해야 한다. 자료를 카테고리, 또는 그룹으로 묶어 분류해둔 뒤 생각을 정리하고, 자신의 의견은 무엇인지 보고서에 넣어야 한다. 생각나는 문구나 아이디어를 토막토막 적당한 페이지에 넣어두는 것도 좋다. 그리고 다시 자료 찾기, 생각하기, 의견 넣기를 반복하면 어느새 좋은 보고서가 완성될 것이다.

다섯째, 보고할 대상의 범위와 내용 선택이 중요하다.

상사가 보고를 요청하는 때도 있지만, 보고할 사안이 발생하는 때도 많다. 제때 보고를 안 하거나, 보고했지만 보고 대상을 잘못 생각한 경우가 종종 있다. 일 처리는 잘했는데 사장님에게 보고가 안 되어서 임원회의 시 험악한 분위기를 만들기도 한다. 사장님까지 알아야 하는 사안인지, 아니면 부서장이 판단하고 결정할 수 있는 것인지 현명하게 판단해야 한다.

신제품에 대한 품질 문제가 발생했다고 가정하자. 품질 문제는 품질 전담 부서나 서비스 부서에서 해당 고객을 상대하고 해결하는 것이 보통이다. 문제의 정도에 따라서 영업과 마케팅 부서와 공유를 해야 하고, 정도가 심해지면 사장님, 또는 글로벌 본사까지 보고가 되어야 한다. 이런 경우에는 사안의 긴급성과 중요성을 동시에 현명하게 판단하고, 보고의 내용과 범위를 선택하는 것이 중요하다.

1.5시간,
마하(Mach)의 아침

우선 제목이 의미하는바는 1.5시간 남들보다 일찍 출근하라는 것이다. 15분, 또는 30분 정도씩 점차 출근시간을 앞당기면 마하(Mach)의 효과가 나타난다는 얘기다. 마하(Mach)는 소리의 속도를 앞지르는 것을 뜻한다. 나는 규정 출근시간보다 1.5시간 일찍 출근하게 되면서 업무의 속도가 마하를 넘어서는 것 같은 경험을 했다.

소리의 속도를 넘어서 비행을 하면 세상이 달라 보일 것이다. 평소에 보던 것들이 너무 느려 보이고 몸의 변화도 발생할 것이다. 이것은 내가 실제로 경험했던 일이었고 일찍 출근하기를 계획하고 실행하면서 회사생활이 이전보다 즐거워졌다. 업무 효율은 물론 건강도 좋아졌다.

야근(夜勤)보다는 '조근(朝勤)'하는 것이 무조건 좋다. 보통 회사원들이 규정 근무시간을 초과해서 일하는 것을 야근이라는 말로 표현하는데, '조근'이라는 말은 왜 없을까 생각해보았다. 아침 일찍 일어나서 출근하는 것이 밤늦게 깨어 있는 것보다 어려워서일까? 일찍 출근해서 일하면 초과근무수당을 받지 못해서일까? 쓸데없이 한자어 하나를 더 만들어야 할 이유는 없지만 '조근'이라는 말이 있었다면 대한민국 직장인들이 일찍 출근해서 일찍 퇴근할 수 있는 문화도 생기지 않았을까 싶다. 하여튼 9시 정각에 출근하는 대한민국의 모든 직장인에게 '조근 프로젝트'를 당장 가동할 것을 권장한다. 오늘도 조근!

2000년대 초반 일본의 의사 사이쇼 히로시가 쓴 〈인생을 두 배로 사는 아침형 인간〉이라는 책을 시작으로, 한국에서 '아침형 인간'이라는 말이 붐을 이룬 적이 있다. 내가 체험한 '아침형 직장인'과 비슷한 내용과 방향을 제시한다.

지금 이 글을 쓰고 있는 시간은 아침 7시 10분, 장소는 강남구 역삼동에 있는 사무실이다. 새벽 6시경 기상하여 15분 스트레칭, 간단한 아침 식사 후 40분쯤 운전하여 출근했다. 출근 후에 30분 책 읽기 또는 글쓰기, 이메일 확인 및 답장에 30분, 그날 일과 점검, 주중 및 월중 계획 업데이트 15분, 이달의 마감 및 향후 3개월 전략을 업데이트하는 데 15분의 시간이 지나고 나면 직원들이 하나둘 출근하기 시작한다.

글로벌 CEO 중에는 아침형·새벽형 타입이 많이 있다. 사실 그분들에 비하면 나는 아직 한참 모자란 수준이다. 마이크로소프트 창업자 빌 게이츠 새벽 3시, GE 최고 경영자 제프리 이멜트 새벽 5시 반, 스타벅스 회장 하워드 슐츠 새벽 4시 30분 기상! 일일이 열거하지 않아도 우리는 성공한 사람 중에 대부분이 이른 아침에 일어나 무언가를 하고 있다는 것을 알 수 있다.

나는 본디 어릴 적부터 올빼미형 인간이었는데, 어떻게 1.5시간 아침 일찍 하루를 시작하는 직장인이 되었을까? 답변부터 하자면 '설렘' 때문이다. 나는 처음부터 무리하게 일찍 출근하지 않았다. 국내 대기업에서 재직 중일 때는 셔틀버스를 타기 위해 어쩔 수 없이 일찍 일어났는데, 억지로 해야 한다는 느낌을 지울 수 없었다. 그런 환경은 나의 정신을, 나의 몸을 근본적으로 바꾸어놓지 못했다.

'1.5시간 일찍 꾸준하게 출근하기'를 실행하는 데 5년 정도 걸렸다. 원래부터 아침형 생체리듬을 가진 사람들이 들으면 콧방귀를 뀔 소리지만, 나와 같이 밤만 되면 눈빛이 초롱초롱해지는 생체리듬을 가진 사람들에게는 대단한 일이다.

나는 먼저 '15분 일찍 출근하기'부터 시작했다. 9시 정시 출근했을 때의 상황을 상상해보자. 9시에 사무실 본인 자리에 앉고 컴퓨터를 부팅하는 사이, 출근하는 직원들이 인사를 하고 전날 있었던 일에 관해 얘기하기 시작한다. 10분 정도 잡담을 나누고 이메일 폴더를 업데이트하면 수많은 자료 요청과 새로운 미팅들이 줄을 서고 기다린다. 어떻게 하루를 보낼까 고민하고 있으면 친한 직원이 와서 커피 한잔하자고 한다. 사무실에 있는 휴게실이나 밖에 있는 커피숍에서 30분 정도 시간을 보내고 다시 자리에 앉으면 부서장의 새로운 업무 지시가 내려온다. 결국, 해야 할 일들을 정리하고 계획하기도 전에 그날 업무 및 주간 계획에 정신없이 춤을 춘다.

이러한 이유로 15분이라도 일찍 출근해서 전날 한일, 오늘 할 일을 검토한 뒤 우선순위를 정리해두고 일을 하면 업무 효율이 확실하게 증가한다. 이렇게 15분의 여유를 깨닫고 몸에 익힌 다음 출근 시간을 더 당겨서 30분 일찍 출근하기로 했다. 30분 일찍 출근하면 미래를 준비하고 생각하는 시간을 10분이라도 가질 수 있다. 나는 이렇게 작은 설렘을 느끼기 시작했고 일찍 출근하는 것이 즐거웠다. 짧은 시간이지만 나의 미래를 설계하고 실행할 수 있다는 것은 가슴 떨리는 일이었다. 이렇게 매일 조금씩 실천한다면 성공이 점차 다가오는 것처럼 느꼈다. 전날 과음을 한 상태여도 변함없이 같은 시간에 일어날 수 있게 되었다.

그 후에도 30분씩 두 번에 걸쳐 출근시간을 앞당길 수 있게 되었고, 그 결과 시간을 더 밀도 있게 쓸 수 있게 되었다. 이것은 작은 기적이다. 업무 효율은 최소 3배에서 최대 7배까지 늘었고, 서류 검토 및 결정해야 할 사안들에 대한 판단력도 놀라울 정도로 향상되었다. 이 밀도에 매료되면 일찍 일어날 수밖에 없다. 왜냐하면, 마음이 설레기 때문이다.

'1.5시간 일찍 출근하기'를 완성하면 신선한 아이디어가 샘솟고 가정생활과 회사생활에 큰 변화가 일어난다. 내가 제일 싫어하던 것 중 하나가 글쓰기였는데 이렇게 책 한 권을 완성하고 있다는 것이 신기할 정도다. 매일 아침 30분 꾸준하게 투자한 덕분이다. 이른 아침 1.5시간은 성공하는 직장인을 위한 마하(Mach)의 시간이라고 생각한다.

넘기 쉽지 않은 장벽을 한 번 극복하면 수월하게 승진하는 샐러리맨이 될 수 있을 것이다. 그 다음 단계는 시간 사용에 대한 집중력을 더 높이고 새로운 분야를 계속 탐구하는 것이다.

나는 앞으로도 출근시간을 더 앞당길 계획이다.

비효율적으로 보낸 젊은 시절의 시간을 만회하기 위하여.

더 나은 미래를 위하여.

DOs보다
DON'Ts가 중요하다

DOs and DON'Ts는 해야 할 것과 하지 말아야 할 것을 나열하는 것을 의미한다. 보통 어떤 이벤트나 워크숍을 진행하며 행동수칙을 정할 때 사용한다. 이는 사업전략을 만들 때나 회사 업무에도 활용할 수 있다. 간단하게 종이 하나를 두고 좌측에는 DOs, 우측에는 DON'Ts에 해당하는 것을 적으면 된다.

내가 이런 작성을 여러 번 경험하면서 배운바가 있다. 대개 사람들은 '해야 할 것들'에 먼저 집중한다. '하지 말아야 할 것들'도 중요하다는 것을 잘 알지만, 해야 할 것들에 집중한다고 한두 가지만 기억해두었다가 수칙을 어기는 경우가 많다. 그러나 하지 말아야 할 것들을 했을 때 받는 불이익이, 해야 할 것을 했을 때 받는 이익보다 훨씬 크다. 결국, DOs보다 DON'Ts 가 중요하다. 행동수칙을 가르칠 때는 하지 말아야 할 것을 먼저 말하는 것이 좋을 것 같다.

2006년이었던 것으로 기억한다. 유럽계 글로벌 회사에 다닐 때였다. 당시 쏟아지는 마케팅 업무에 동료가 퇴사하는 바람에 내가 업무를 대신 맡기까지 한 상황이었다. 지쳐 있는 나를 본 팀장이 방으로 불러 면담을 하는데, 지금 하고 있는 업무를 전부 적어보라는 것이다. 영업부 직원들이 내가 연락이 잘 안 되고 피드백이 느리다고 건의한 모양이었다. 마케팅팀장은 스위스인이었는데, 지금 생각해보면 스위스인 특유의 정확성과 꼼꼼함이 있었다. 나는 일단 내가 하는 업무를 모두 써 내려갔다. 그런데 금방 완성할 수 있을 것으로 생각했던 업무 리스트가 쉽게 채워지지 않았다. 내가 업무 정리도 제대로 하지 못한 채 일하고 있었구나 생각했다. 다 완성했더니 A4 한 장 정도가 나왔다.

내가 작성한 업무리스트를 '해야 하는 정도'를 기준으로 분류해보면 다음과 같다.

- 긴급해서 빨리 끝내야 하는 업무
- 중요도가 높아서 잘해야 하는 업무
- 나중에 해도 되는 업무

- 꼼꼼하게 천천히 해야 하는 업무

- 하지 말아야 하는데 할 수밖에 없는 업무

- 절대 하지 말아야 할 업무

　팀장은 업무리스트를 검토하고 분류하더니, '절대 하지 말아야 할 업무'로 판단되는 것들은 다른 부서로 넘겨버렸다. '할 수밖에 없는 업무'는 그 원인을 찾아 업무 분배를 분명히 하거나 간소화하였다. 그 스위스 팀장의 카리스마와 결단력이 아직도 기억에 생생한다. 그렇게 업무를 정리하고 나니, 두 사람 몫의 업무를 처리하는데도 야근을 훨씬 줄일 수 있었다.

　'해야 하는 업무'에 대해서는 아예 검토도 하지 않았다. 버릴 것을 과감하게 버림으로써 더 얻은 것이다. 그 일이 있고 난 뒤부터 나는 '일만 하는 바보'가 아니라 '생각하면서 일하는' 직원으로 변했다. 시간과 에너지를 쓸데없이 갉아먹는 업무를 없애는 방법을 나름 익힌 것이다. 그런 업무가 정리되면 긴급한 업무를 먼저 처리하고, 중요도가 높은 업무를 차례로 처리해서 업무 효율성을 높일 수 있다. 나의 매니저, 마셀(Marcel)에게 감사한 마음을 전한다.

　대부분 직장인이 문서 검토는 열심히 하지만, 본인이 어떤 업무를 어떻게 하고 있는지는 검토를 하지 않는다. 직장에서도 자신을 돌아보는 시간을 갖도록 하자.

한 가지 유용했던 방법이 있다. 보통 아침에 출근하면 자리에 앉아서 제일 처음 하는 것이 PC를 켜고 이메일 창을 여는 것이다. 이메일 창을 여는 순간 온갖 업무가 눈앞에 지나가고, 새 이메일에 관심이 가고, 이메일을 열면 업무의 미로에 빠져들게 된다. 그렇게 30분이 훌쩍 지나가고 직원들과 인사하고 잡담을 나누다 보면 얼마 안 가 금세 점심 먹을 시간이 된다. 오후에는 졸음이 밀려오고 오늘도 야근은 당첨이다. 그래서 나는 언젠가부터 아침에 이메일을 열지 않는다. 자리에 앉아서 어제 업무와 오늘 업무, 그리고 일주일 업무를 생각해보고 일의 순서를 정한 다음 이메일을 연다. 그러면 하루가 훨씬 경쾌하고 막힘이 없다. 여기에 퇴근 전 내일 할 일을 정리하면 더욱 좋다.

이런 버림, 포기, 멈춤의 미학은 회사 업무와 일상생활에 모두 적용 가능하다. 버리면 좋은 것들에 대한 또 다른 예를 들어보겠다.

□ 하지 말아야 할 말
□ 하지 말아야 할 생각
□ 하지 말아야 할 사업

하지 말아야 할 말

우리는 주변에서 말 때문에 고생하는 사람을 많이 본다. 정치인, 경제인, 선배, 후배, 친구, 형제 등 잘못된 말 때문에 감정 상한 채 헤어지거나 법적 대응까지도 불사한다. 직장에서도 마찬가지다. 말이 주는 상처는 스트레스의 근원이고 심해지면 퇴사로 이어지기도 한다. 내가 혹시 이유 없이 상처를 주는 말을 하지 않았나 되돌아보자. 어렵고 힘든 상황에서도 항상 긍정적인 대화를 하는 것이 중요하다.

하지 말아야 할 생각

생각을 너무 많이 하면 생각은 곧 걱정이 된다. 부정적인 생각도 적절히 하면 아이디어를 내는 데 도움이 되지만 생각해도 변하지 않을 것에 대해 깊이 생각하는 것은 '걱정하기'일 뿐이다. 걱정 속에 빠져 업무의 효율성을 놓치지 않도록 걱정을 위한 생각을 버려야 한다. 다른 걱정을 하면서 현재 업무를 하면 절대 집중할 수 없다.

'Worry is like a rocking chair, It gives you something to do, but it gets you nowhere.'

걱정은 마치 흔들의자와 같다. 뭔가 일은 하고 있지만, 제자리를 맴돌게 할 뿐이다.

― Glenn Turner ―

'Worry never robs tomorrow of its sorrow,
it only saps today of its joy.'

걱정한다고 내일의 슬픔은 사라지지 않고,
오늘의 기쁨만 빼앗아갈 뿐이다.

-Leo F. Buscaglia-

내가 좋아하는 걱정에 관한 명언이다. 걱정의 본질을 잘 꿰뚫어 본 것 같다. 걱정을 아예 안 하고 살기는 정말 힘들다. 걱정을 좀 덜 하고 살려면 지금 여기에서 최선을 다하는 것이 최고의 방법이다. 왜냐하면, 걱정은 항상 과거나 미래에 대한 생각을 현재로 끌어와서 생기는 것이기 때문이다. 순간순간을 잘 살면 어쩔 수 없는 과거도, 미래에 대한 걱정도 덜 수 있을 것이다. 구약성서 집회 30장에 보면 '걱정은 노년을 앞당긴다'라는 구절이 있다. 걱정하면 그만큼 더 빨리 늙는다는 것을 명심하자.

하지 말아야 할 사업

규모가 어느 정도 있는 회사는 여러 개의 사업부가 있다. 사업부가 모두 성공적인 경우는 드물고, 사업이 잘 안 되는 이유는 다양하다. 전략적 결정이 잘못된 경우도 있고 내외부적인 요인 때문이기도 하다. 하지 말아야 할 사업 또는 어울리지 않는 사업을 무리하게 추진해서 파산 지경에 이르기도 한다. 회사를 운영하는 경영자는 이럴 때일수록 과감한 결정을 해야 한다.

내가 CEO로 승진하고 첫 번째로 진행한 큰 프로젝트가 일부 사업부를 정리하는 것이었다. 기존 사업의 비즈니스 모델과 전혀 다른데 신사업이라고 떠밀려서 한 것이다. 시작하고 2~3년 동안 이미 쓴맛을 본 상태였고 더 버티면 회사 경영 전체를 위협하게 되는 시기가 온 것이다. 이미 입사해서 열심히 근무하고 있던 직원들에게 권고사직 상담을 하던 가슴 아픈 기억이 난다. 하지만 그 어려움 끝에 사업부를 정리하고, 회사는 매년 견고한 성장을 거듭할 수 있었다.

우리는 무언가를 비움으로써 다시 채울 수 있다. 집안에 물건이 쌓이면 크게 한번 정리해야 한다. 스마트폰은 쓸데없는 파일이 많아지면 알아서 청소도 한다. 청소하면 속도가 빨라진다. 업무가 쌓이면 안 해도 되는 업무를 파악해서 정리하자. 사업의 발걸음이 무겁다고 느껴지면 정말 포기할 것이 무엇인지 돌아보자.

의전을 잘해야
승진한다

'의전(儀典, Protocol)'이라는 단어가 20~30대의 젊은 사람에게는 생소하게 들릴지도 모른다. 뉴스나 방송에서 가끔 나오지만, 우리가 평소 자주 쓰는 말은 아니기 때문이다.

사전을 찾아보면 의전이란 '행사를 치르는 일정한 법식(法式)'으로 정의한다. 국가 간의 고위공직자 방문이 있을 시에는 외교부가 주관하는 국가 의전이 된다. 회사에서는 주요 고객 방문이나 회사의 고위급 임원이 방문하는 등의 경우 의전이 필요하다. 이외에도 크고 작은 의전을 해야 할 상황이 우리 생활 주변에서 발생한다. 가족 간의 행사나 이벤트가 있을 때도 마찬가지다. 우리는 많은 경우에 의식적으로 또는 무의식적으로 의전을 하고 있다.

의전의 구체적인 예를 들어보자.

최근에 북한과 미국 정상 간에 역사적인 회담이 있었는데, 이것 역시 의전에 속한다. 이 정상회담에서는 경호가 차지하는 비중이 더 크다고 해야겠지만, 회담이 이루어지는 공식적인 순서 및 의례는 일련의 엄청난 의전이라고 할 수 있다. 반나절 정도밖에 되지 않는 만남이었지만 분초 단위의 계획과 리허설이 필요하다. 그 계획과 실행을 위해서 수많은 사람과 예산이 투입되었을 것이다. 회담 장소를 결정하는 것부터 첫 만남의 악수는 어떻게 몇 초 동안 할 것이며, 정상 간의 단독회담에서는 어떤 주제로 어느 정도까지 논의할 것인지, 확대 정상회의에는 누가 참석할 것인지, 점심 메뉴는 어떤 것으로 할 것인지 등등 수많은 회의와 토론을 거듭하였을 것이다. 엄청난 긴장감과 스트레스 상황에 부닥쳤을 실무진들의 노고를 느낄 수 있다.

이번에는 좀 더 가까운 사례로 직장생활에서 발생하는 의전의 경우를 들어보자. 글로벌 기업의 아시아 총괄사장이 다음 달에 한국을 방문한다고 가정하자. 올해 한국지사의 전략적 방향 설정을 위한 방문이며 고객 방문도 고려하고 있다. 이런 경우에 내가 한국지사장이라면 어떤 준비를 해야 하는가? 일단 방문 날짜, 목적 그리고 동행하는 인원 등을 파악하고 구체적인 아젠다를 결정해야 한다. 공항에는 몇 시 몇 분에 도착하며 호텔로 이동은 어떻게 할 것인지, 도착하는 날 저녁 식사는 하는 것이 좋은지, 어떤 메뉴를 원하는지, 와인 한 잔 가볍게 하기를 원하는지, 검토 자료는 얼마나 미리 받기를 원하는지, 전략 설정의 주안점은 무엇인지, 고객은 몇 군데 정도 방문하려는지 등 수없이 많은 선택과 결정의 갈림길이 있다.

물론 이런 의전의 정도와 기대치는 기업의 규모 및 형태에 따라, 또는 개인의 성향에 따라 천차만별이다. 실제로 이런 의전을 별로 중요치 않게 생각하는 사람도 많다. 하지만 내 경험으로는 직장에서 상사와 같이 있어야 하는 시간을 어떻게 보내는가는 정말로 중요하다. 상사와 함께 출장을 갈 때, 상사와 함께 고객 미팅을 진행할 때 등 최소한의 준비와 의전이 필요한 상황이 발생한다. 그 시간을 어떻게 효율적으로, 전략적으로 보내는가에 따라 승진의 확률이 차이가 나고 승진의 속도 또한 달라진다.

개인적인 경험담을 얘기해보겠다.

2016년 12월초에 스탠리블랙앤데커의 글로벌 CEO, 짐로리(Jim Loree)가 한국을 방문하였다. 한국지사가 본격적으로 사업을 시작한 지 20년 만에 처음 있는 일이었다. 한국지사장으로서 너무나도 중요하고 기대되는 방문이 아닐 수 없었다. 아시아 본부로부터 글로벌 CEO의 한국 방문 예정을 듣자마자 반사적으로 준비 모드로 들어갔다. 국내 대기업을 다녔던 경험 덕분에 의전의 맛을 잘 알고 있었기 때문이다. 2박 일정이었지만 저녁 늦게 도착하고 아침 일찍 떠나는 일정이어서 하루 반 정도 한국에 머무는 스케줄이었다.

소식을 들은 후 방문 날짜까지는 4~5개월 정도 시간이 남아있었지만, 바로 상세 일정 수립에 들어갔고, 동선 관리 및 중요한 정보 파악에 몰입하였다. 많은 직원들이 너무 이르지 않냐, 이런 것까지 준비할 필요 있겠느냐 등 걱정 반 의심 반 질문을 던지기도 했다. 하지만 고위급 의전일수록 디테일이 더 중요한 경우가 많고 돌발상황도 쉽게 발생한다는 것을 나는 잘 알고 있었다. CEO가 내한하게 되면 통상적으로 일부 글로벌 임원진 및 아시아 본사의 주요 인물들도 동행하게 되므로, 긴장감의 정도가 높고 변수 또한 다양했다.

주요 아젠다는 사업 성과 및 전략 검토, 직원들과의 대화(Town Hall Meeting), 미디어 인터뷰, 고객 방문 및 저녁식사 행사였다. 이 모든 과정을 분 단위로 검토하고 리허설도 하였다. 짐로리(Jim Loree)가 좋아하는 와인 파악 및 시음, 식당 선택 및 사전 답사, 호텔 답사 및 점검, 미디어 인터뷰 사전 리허설 및 질문 내용 준비, 비즈니스 관련 숫자 암기, 전략에 대한 자신 있는 답변 준비 등 모든 과정에 최선을 다했다.

방문 후에 사람들로부터 아주 좋은 반응을 받았다. 대성공이었다.

의전을 과도하게 하는 것이 사치스럽게 보일 수도 있다. 실제로 이런 의전을 아주 싫어하는 CEO나 임원들도 많다. 하지만 중요한 것은 우리가 어떻게 소통하느냐이다. 우리가 얼굴을 마주하고 있을 때 최선을 다하는 모습, 주어진 시간을 효과적으로 활용하는 방법, 핵심을 찌르는 질문과 대화는 직장생활 및 일상생활 속에서도 매우 중요하다고 생각한다.

승진을 빨리 하기 위해서 의전을 해야 하는 것은 아니다. 승진 자체를 목표로 하는 의전은 하지 않는 것이 좋다. 하지만 의전을 못해서 승진도 못하는 경우를 종종 보았다. 의전은 준비성과 성의를 일부 엿볼 수 있는 과정이기 때문이다. 정말 필요한 경우에 의전을 제대로 하자!

짐로리(Jim Loree)의 한국 방문은 이미 한국지사장으로 승진한 후의 일이긴 하지만, 나중에 그때의 좋은 인상이 나의 업무 성과 검토 시에 실제로 긍정적인 평가 및 혜택을 받는 데 많은 도움이 되었다. 나는 짐로리(Jim Loree) 방문 후에 내 이름 석 자, 한인섭(Inseop Han)-발음하기 힘든 한국 이름을 오랫동안 고집하고 있음에도 불구하고-을 여러 고위 임원진들에 어느 정도 각인시킬 수 있었다.

의전은 상대방을 배려하는 자세라고 가볍게 생각하자. 직장에서는 상사를 대할 때도 부하직원을 대할 때도 유쾌한 의전을 할 수 있다. 내가 당신을 위해 이런 걸 준비했다고 화젯거리로 삼으면, 분위기를 내 것으로 만들 수 있다. 고객을 대할 때도 협력업체를 대할 때도 센스 있는 작은 의전 하나가 회의나 협상을 수월하게 만들 것이다.

의전을 몸에 밴 듯이 잘해야, 직장생활의 결이 좋아진다.

Ambidexterity
: 양손잡이, 양뇌잡이

영어에 'Ambidexterity'라는 단어가 있다. 앰비덱스테리티. 발음도 생소하다. '양손잡이', 즉 양손을 균형 있게 사용하는 사람을 의미한다. 사전적인 풀이 뒤에는 비범한 손재주를 가지고 있는, 남들과 뭔가 다르다는 의미가 내포되어 있다.

이 단어의 의미를 아래에서 설명할 '양뇌잡이'로 확대할 수 있다. '양뇌잡이'라는 말은 사전에 없지만, 뇌를 사용한다는 측면에서는 말이 된다. 손을 사용하는 것과 뇌의 활동은 분명히 관계가 있다. 오른손을 주로 사용하는 사람은 좌뇌가 발달하고, 왼손을 주로 사용하는 사람은 우뇌가 발달한다. 양손을 균형 있게 사용하는 사람은 뇌도 균형 있게 활동한다. 발의 사용도 비슷한 효과가 있다. 축구 선

수 중에 양쪽 발을 모두 잘 사용하는 선수가 좋은 성적을 내는 경우가 많다. 박지성과 손흥민이 대표적이다. 그들은 언어능력도 남다르다. 양발을 모두 사용하면서 양쪽 뇌를 모두 사용했을 것이다. 머리가 좋은 사람이 축구도 잘한다는 말은 충분한 근거가 있다. 축구장에서 경기를 하면서 시각과 청각으로 입력된 정보를 뇌가 판단하고 순간적으로 반응하는 일련의 과정은 뇌를 균형 있게 발달시킨다. 언어를 습득하는 과정도 이와 비슷하다.

양쪽 뇌를 사용하려는 노력이 직장생활과 무슨 관련이 있는 것일까? 아주 관련이 깊다고 할 수 있다. 직장생활을 하다 보면 누구나 언젠가 승진을 하게 된다. 대리, 과장을 거쳐 차장, 부장으로 올라갈수록 다른 형태의 능력이 요구되는데, 이때 단순한 변화(Change)가 아니라 신체와 정신의 변혁(Transformation)이 필요하다. 대부분의 직장인은 자신이 잘하던 것, 좋아하는 분야, 편하게 느끼는 업무에 집중하려는 경향이 있다.

본인이 연초 인사발령에서 부서장으로 승진하고 부하직원들이 생겼다고 가정하자. 당장 내일부터 부서를 이끌어가야 하는데 대리, 과장 때 했던 것처럼 정기적인 업무 수행만 하고 부서원을 제대로 리드하지 못한다면 좋은 부서장이 될 수 없다. 부서장 교육을 어느 정도 받겠지만 그 무렵 40대에 접어든 사람이 갑자기 변하기란 쉽지 않다. 높은 자리로 올라가면 올라갈수록 다른 경험과 사고가 필요하다.

바로 이런 경우에 필요한 것이 양쪽 뇌 사용 훈련이다. 자기계발의 가장 강력한 방법 중 하나다. 사람이 진정으로 변하려면 기존의 기능이나 지식을 향상시키는 것만으로는 부족하고, 뇌를 변화시켜야 많은 것이 변한다. 마찬가지로 직장에서도 양쪽 뇌를 잘 사용해야 차별화된 아이디어를 제안하고 좋은 성과도 낼 수 있다. 자기계발의 핵심은 평소에 하지 않던 것을 시도하는 것이다. 영업부서에서만 5년 근무한 직원이 갑자기 마케팅부서에서 일하려면 전혀 다른 생각과 능력이 필요하다. 그렇게 다른 환경에 적응하면서 평소 사용하지 않던 뇌를 사용하여 변화를 꾀할 수 있게 된다. 이런 두 가지 다른 성질의 행동과 사고 패턴이 만나면 남들과 차별화된 자기만의 생각을 펼칠 수 있다.

나는 지독한 오른손잡이다. 어릴 때부터 오른손 오른발 사용하기를 좋아했고 산수, 과학, 만들기, 조립, 종이접기 등을 아주 좋아했다. 오른손은 좌뇌와 연관이 있고 좌뇌는 논리, 규칙, 합리, 전략, 디테일의 성향을 가지고 있다고 한다. 뇌과학에 대해서 아는 바가 거의 없지만 나의 경우를 보면 맞는 말 같다. 축구를 할 때도 오른발을 주로 사용하는 발재간과 드리블을 했고, 농구도 오른손을 주로 연습

했고 각종 테크닉도 자연스럽게 오른손으로 배웠다. 왼손, 왼발은 너무나 불편하고 연습도 하기 싫었다.

이런 내가 40대 초반부터인가 불편하게만 느끼던 왼손을 자꾸 사용하려고 노력했던 기억이 난다. 왜 그랬는지 잘 모르겠다. 어느 날 갑자기 윈도우 설정에서 마우스를 왼손 세팅으로 바꾸어 사용하기 시작했고, 오랫동안 치지 않았던 기타를 사서 아이들과 가끔 코드 잡는 연습을 시작하기도 했다. 의자에 앉아 있을 때도 왼 다리, 오른 다리를 의식적으로 바꾸어가면서 다리를 꼬았고, 팔짱을 낄 때도 아주 어색하지만 오른팔, 왼팔을 의도적으로 바꾸어 포개기도 했다. 뇌에 대한 책을 보고 배우거나 누구에게 코칭을 받지는 않았는데도 자연스럽게 그렇게 했던 것 같다.

지금 생각해보면 그런 일련의 버릇들이 생긴 데에는 무언가 공통점이 있었다. 상황이 몹시 어려울 때, 풀리지 않는 문제가 있을 때 버릇처럼 평소와 다른 몸의 움직임을 시도한 것 같다. 진퇴양난의 상황에 부닥쳤을 때 무언가 다르게 생각하고 차별화된 아이디어를 내려는 무의식에서 나온 행동이었을까? 내가 가진 기본적인 능력으로는 해결할 수 없다고 느낄 때, 반사적으로 오랫동안 사용하지 않던 포텐셜을 끌어내기 위한 본능적인 반응이 아니었나 싶다. 그래서 지금은 오히려 더 적극적으로 이런 자극을 주기 위하여 책도 읽어보고 양쪽 뇌를 자극하고 사용하기 위해 노력하고 있다.

왼쪽 뇌, 오른쪽 뇌를 균형 있게 사용하면 진정으로 자기변혁 또는 자기계발이 가능하다는 것을 깨달았다. 뇌는 나이가 들어도 얼마든지 성장시킬 수 있다고 한다. 뇌를 균형 있게 사용해야 직장에서도 더 크고 넓은 커리어 개발을 꿈꿀 수 있다. 이러한 변화로 직장생활에서 업무처리 능력을 향상하고 차별화된 아이디어를 긍정적으로 이끌어낼 수 있다. 앞서 설명한 '1.5시간, 마하(Mach)의 아침'에 'Ambidexterity 리더십'을 더한다면 그 효과는 가히 폭발적이다. 승진의 속도가 빨라질 것이다.

성공하는
영어 공부

운칠기삼(運七技三)? 내 생각에는 기칠운삼(技七運三)이다.

대부분의 성공한 사람이 '성공 원인이 무엇인가요?'라는 질문을 받으면 '그냥 운이 좋았어요'라고 대답하는 경우가 많다. 하지만 사실 운도 그냥 오는 것이 아니다. 꾸준히 공부를 계속하고 업무 역량도 키우고 새로운 사람을 만나 대화도 많이 해보고 새로운 시도도 많이 함으로써 운은 자연스럽게 찾아오는 것이다. 그것도 어느 날 갑자기. 그럴 때 준비가 되어 있는 사람이라면 그 운을 잡기만 하면 되는 것이다. 그 운삼(運三)을 만들기 위해 기칠(技七)이 필요하다. 평생 공부해야 한다. 공부해야 승진할 확률이 높아지고 성공적인 삶을 살 수 있다.

공부를 해야 준비가 되고, 개인적으로 그 공부 준비에는 영어 공부 또한 주요한 키워드라고 생각한다.

영어의 중요성은 누구나 잘 알고 있을 것이다. 특히 글로벌 기업에서 근무하며 중장기 커리어플랜을 계획하고 있다면 더더욱 그렇다. 영어를 못하면 부서장급 이상의 승진은 생각하지 말아야 한다. 혹시나 부서장이나 임원으로 승진했다 하더라도 CEO는 절대 될 수 없다. 영어는 내가 경력개발을 하면서 가장 중요한 필수 요건 중의 하나였다. 영업부서에서 마케팅부서로 발령을 받았을 때, 영어 실력이 수준 미달이었다면 아예 후보자로 거론조차 되지 않았을 것이다.

나는 한국에서 태어났고 어릴 때 외국인은커녕 영어를 할 줄 아는 사람을 접할 기회조차 별로 없었다. 중고등학교 정규 영어 수업 외에 성문종합영어 공부를 위해 개인 과외를 받았던 적은 있다. 대학교 입학하고 군대에 다녀온 후 캐나다 유학을 가기로 결심하고, 5개월 정도 밴쿠버섬(Vancouver Island)에 있는 빅토리아시(Victoria City)에 머물렀던 것이 외국생활의 전부다. 짧은 시간이었지만 영어 회화에 집중할 수 있도록 최선을 다했다. 영어를 해야만 하는 상황에 나를 몰아넣고 혼자 있을 때도 끊임없이 문장을 되뇌던 생각이 난다. 반년이 채 되지 않는 시간에 회화 능력을 한두 단계 끌어올린 것처럼 느꼈다.

인구수 10만 정도의 소도시에서 태어나 유학파도 아닌 내가 어떻게 미국계 글로벌 기업의 한국지사장을 하게 되었을까?

나 역시 문법 중심 주입식 영어 교육의 희생양 중 한 명이라 할 수 있음에도 어떻게 수많은 다국적 리더들과 전략 토론을 할 수 있게 되었을까?

나는 본토 발음의 유창한 영어를 구사하지는 못한다. 하지만 미국, 영국, 독일, 중국, 인도, 러시아, 브라질 등 각기 다른 악센트를 가지고 있는 글로벌 리더들과 워크숍, 전략회의, 프로젝트 등을 수없이 진행해왔다. 때로는 프로젝트 리더로서 역할도 수행했고 고위급 글로벌 임원들 앞에서 프리젠테이션도 해야 했다. 비즈니스 관련 대화는 한국말보다 영어가 더 편하다.

CEO가 되는 영어학습법이 따로 있는 것은 아니다. 하지만 CEO가 되려면 반드시 넘어서야 되는 영어 실력의 수준이 있다. CEO는 사업 운영에 대해 영어로 읽기, 쓰기, 말하기, 듣기가 모두 원활해야 한다. 다국적 문화에 대한 이해 수준이 높아야 하고 경영 관련 전문용어를 충분히 습득하고 있어야 한다. 꼭 유창할 필요는 없다. 자신의 생각을 표현하고 스토리 빌딩을 할 수 있으면 된다. 요즘은 영어 교육 프로그램과 책들이 넘쳐난다. 본인만의 영어공부 방법을 찾는 것이 중요하다. 영어 때문에 고생하는 수많은 직장인들에게 나의 영어 공부 방법을 소개하고 싶다.

첫째, 소리에 집중하라!

일단 듣고 이해하는 것이 제일 중요하다. 말은 어떻게라도 할 수 있다. 하지만 상대방의 말을 이해하지 못한다면 미팅 진행이 어렵다. 더구나 앞서 설명한 것처럼 글로벌 기업에서 비지니스를 하다 보면 다양한 국적의 사람들과 소통해야 한다. 익숙해지면 각 나라가 가진 영어의 특색도 알아차릴 수 있다. 인도 영어를 처음 들었을 때, 너무나 당황스러웠지만 익숙해지니 오히려 아주 편안해졌다. 영국 악센트도 처음에는 이해하기 어려웠다. 독일, 스위스는 처음부터 편하게 들렸다. 영어는 참 재미있는 언어다. 수많은 국적의 사람들이 각기 다른 악센트와 억양을 사용하는데도 소통이 잘된다.

듣고 이해하는 실력 향상을 위해서 '듣고 바로 따라서 같은 억양으로 말하기'를 반복하였다. 효과가 아주 좋다. 상대방의 말을 내가 바로 따라하고, 다시 그 말을 본인이 듣게 되므로 실시간 연습 및 확인이 가능하다. 듣기만 하거나 단어 위주로 이해를 하려고 하면 효과가 별로 없다. 본인이 좋아하는 유명인사의 연설이나 인터뷰 등을 보고 연습하는 것이 아주 효과적이다. 2009년 오바마가 미국 대통령이 되었을 때, 연설을 많이 따라했던 기억이 난다. 요즘은 강경화 외무장관의 인터뷰를 추천하고 싶다.

둘째, 해석하지 마라!

영어는 영어의 방식대로 이해해야 한다. 한국말로 자꾸 해석을 하려는 순간 논리와 순서가 꼬이고 전체적인 이해도도 떨어진다. 영어 문장 그 자체로 어떤 의미인지를 이해하려고 노력해야 한다. 알다시피 영어의 문법은 국어와 전혀 다르다.

'Be done'을 '하여 진다'라고 해석하고, 'Had finished'를 '마쳤었다'라고 해석하면 너무 어색하지 않은가!

영어를 읽고 이해하거나 듣고 이해할 때, 속에서 한국말로 해석을 하고 있으면 진정한 실력자가 될 수 없다. 모국어를 잘할 수 있는 이유는 굳이 다른 언어로 해석을 하지 않기 때문이다. 미국 사람이 영어를 한국어로 해석하여 뜻을 이해한다고 생각해보라! 얼마나 웃긴 일인가! 하지만 많은 사람들이 외국어를 습득하는 과정에서 그런 비효율적인 프로세스를 거듭하고 있다. 언어는 모국어를 습득한 대로 익히면 된다. 그냥 듣고 이해하고 말하는 것이다. 말하고 듣고 이해하는 것이다. 머리를 쓰지 말고 가슴으로, 뇌로 언어를 받아들이면 보다 쉽게 언어를 익힐 수 있을 것이다.

직장에서도 영어로 이메일을 주고받거나 영어로 회의를 해야 할 경우, 영어 그 자체를 이해하려고 노력하자. 영어는 논리적인 언어이고 객관적인 언어이다. 잘하면 잘할수록 본인에게 이득이다. 매일 꾸준하게 영어 공부를 하자!

셋째, 전문 분야, 영어로 파헤쳐라!

직장에서 지위가 올라갈수록 각 분야에서 더 구체적이고 전문적인 용어를 사용하게 된다. 마케팅, 재무, 물류, 인사 등 어떤 분야라도 상관없다. 원서로 읽고 원어로 듣고 전문가가 되는 연습을 해야 한다. 사실 CEO가 되려면 모든 분야를 알아야 한다. 하지만 시작은 한 분야에서 하는 것이 좋다. 나의 경우는 MBA를 통해 마케팅과 전략에 대해서 집중적으로 영어로 공부했다. 특정 분야의 용어와 이론을 많이 익히고, 영어로 전문가처럼 토론을 할 수 있을 때까지 해보자. 글로벌 리더들과 자연스럽게 비즈니스에 대해서 얘기할 수 있어야 CEO가 될 수 있다.

글로벌 기업에 다니지 않더라도 자신의 업무를 영어로 표현하고 논리적으로 설명할 수 있어야 한다. 국내 기업도 결국에는 수출 및 수입 업무를 해야 하고, 글로벌 고객이나 파트너를 상대로 비즈니스를 할 수밖에 없는 시대에 살고 있기 때문이다. 영어를 외국어라고 생각하지 말고 국제 표준어라고 생각해야 한다. 어쩌면 먹고사는 문제에 있어서는 모국어보다 중요하다.

3

CEO가 되는
리더십 스킬

진정한
리더십

저 사람을 보면 가까이 가고 싶다. 저 사람이 옆에 오면 이상하게 기분이 좋다. 저 사람과 같이 일하면 프로젝트가 즐겁다. 가까이서 얼굴도 본 적 없지만 따르고 싶다. 멀리 있어도 긍정의 에너지가 느껴진다. 거짓말을 했다고 해도 일단 그 사람을 믿겠다. 떠난다 해도 기분 좋게 보내고 싶다.

이런 사람이 나의 상사라면 얼마나 좋을까?

아니면 부하직원 중에 이런 사람이 있다면 어떨까?

진정한 리더십을 가진 사람은 이러한 매력을 갖고 있을 것이다.

나 그 사람 때문에 퇴사하고 싶어. 그 사람만 없었으면 좋겠어! 내일 그 사람과 같이 출장 가는데 가슴이 답답해지네. 내일 그 사람

하고 미팅 있는데 빨리 끝났으면 좋겠어! 그 부하직원 때문에 부서장 그만하고 싶을 정도야. 내가 그 사람 때문에 이직하고 여기 온 거야.

'그 사람'이 나의 상사라면 기분이 어떨까? 아니면 부하직원 중에 이런 사람이 있다면 마음이 어떨까?

이런 사람은 반드시 우리 주변에 있다. 앞서 말한 리더십을 가진 사람은 이런 사람들까지 아우를 수 있을까?

리더십의 종류는 다양하다. 리더십에 대한 실질적인 연구가 시작된 것은 1930년대로, 카리스마(Charismatic) 리더십, 상황적(Situational) 리더십, 거래적(Transactional) 리더십, 변혁적(Transformational) 리더십, 전략적(Strategic) 리더십, 디지털(Digital) 리더십 등으로 분류되고 있다. 아직 100년도 채 되지 않은 연구임에도 세상은 빠르게 변화하고 있고, 요구되는 리더십도 다양해지고 있다.

또한 학문적 분석이 아니더라도 우리 실생활에서 확인할 수 있다. 회사의 상황에 따라서, 시대별로, 내부 구성원에 따라서도 요구되는 리더십의 스타일이 다르다. 회사에서 요구하는 리더십과 가정에서 요구되는 리더십 또한 다를 것이다. 개인의 사회적 위치에 따라서도 리더십은 다르게 발현된다. 정치인들에게 필요한 리더십, 선생님이 지녀야 할 리더십, 병원에서의 리더십, 소방서에서 원하는 리더십 등등. 리더십은 우리 주변을 알게 모르게 둘러싸고 있다.

리더십을 정의하기란 매우 힘든 일이다. 우회적으로 설명할 수는 있다. 어렵지만 내 경험을 바탕으로 한 리더십을 정의해보겠다.

'리더십이란 많은 사람에게 긍정적인 영향을 미쳐 목표를 향해 움직이게 하는 것이다.'

뭔가 부족하고 흔한 정의로 보인다. 그렇다. 하지만 어떠한 다른 정의도 내가 정의한 부분을 빼면 미완성의 정의가 되리라 생각한다. 이 정의가 꼭 회사의 경우에만 적용되는 것은 아니다. 어디에서나 누구에게나 적용할 수 있다. 리더십은 타고나기도 하지만 개발도 가능하기에 실행하는 것이 무엇보다 중요하지만, 제대로 실행하는 것은 현실적으로 몹시 어려울 때가 있다. 간단한 한 문장의 말이지만 나 역시 거의 불가능하다고 생각했던 적도 했다. 우선 본인이 정말로 긍정적인 사람인지 돌이켜보라. 또 누군가의 마음을 진실로 움직였던 적이 있지는 기억해보라.

Yes! 라고 바로 대답할 수 있는 사람은 별로 없다.

지위가 높아진다고 리더십이 높아지는 것도 아니고, 누군가 양도해주는 것도 아니고, 나이가 들수록 생기는 것도 아니고, 공부를 많이 해서 얻어지는 것도 아니다. 리더십은 철저히 개인의 역량이고 몫이다. 타고난 리더십과 깨닫는 리더십의 조합이다. 선천적으로 얻어지는 부분, 후천적으로 획득하는 부분이 합쳐서 만들어지는 것이다.

우리는 누군가의 리더이다. 팀을 리드하지 않는 일반 사원이라 해서 리더십이 필요 없는 것도 아니다. 적어도 나는 나 자신의 리더가 돼야 한다. 우선은 본인부터 돌아보고 스스로가 스스로에게 리더가 되자!

진정한 리더십을 가진 사람의 속성을 분류, 나열해보았다.

직접 아래의 차트에서 리더십 속성을 체크하여, 본인의 리더십 수준을 확인해볼 수 있다.

	일반적인 속성	체크란(√)
1	진실하다	
2	책임감이 있다	
3	유머가 있다	
4	항상 긍정적이다	
5	규율을 중시한다	
6	이타적이다	
7	겸손하다	
8	열정적이다	
9	대인관계가 좋다	

10	매사에 말과 행동이 신뢰를 준다	
11	사람을 중시한다	
12	감사할 줄 안다	

	비즈니스 관련 속성	체크란(√)
1	의사 결정 방식이 투명하다	
2	권한 위임을 할 줄 안다	
3	확장성에 대해 고민한다	
4	미래를 준비할 줄 안다	
5	비전에 대해서 자주 이야기한다	
6	우선순위를 정할 줄 안다	
7	영감을 불어넣는다	
8	일관성이 있다	
9	호기심이 많다	

이 모든 속성을 다 갖추어야만 좋은 리더가 되는 것은 아니다. 다 갖출 수도 없다. 진정한 리더십의 속성을 파악해보고, 자신에게 부족하다고 판단되는 몇 가지에서부터 관심을 가지고 개선해나가는 것만으로도 좋다. 내가 현재 어떤 리더십에 위치하는지 객관적으로 분석하는 것이 아주 중요하다.

대부분 자신이 남들에게 어떻게 보이는지 잘 모르고 있다. 나 또한 MBA 과정을 하면서 나의 리더십을 분석한 적이 있다. 분석 방법을 상세하게 소개할 수는 없으니 양해 바란다. 리더십을 분석하는 마땅한 도구가 없다면, 어렵지 않게 할 수 있는 'DISC' 같은 성격유형검사 결과를 활용해도 좋다. 분석에서 중요한 것은 남들의 객관적인 의견이다. 리더십 관련 질문 열 가지 정도를 스스로 만들어서 주변에 있는 다섯 명 이상의 사람들에게 설문조사를 해봐도 좋다.

나의 경우 리더십 수업시간에 진행했던 분석 결과에 매우 놀랐다. 팀원이 생각하는 나의 리더십과 내가 생각하는 리더십에 큰 차이가 있었다. 인식 차이가 컸던 두 가지만 설명하겠다. 첫째, 팀원이 나를 소극적인 리더로 생각한다는 것이다. 열심히 일은 했지만, 팀원과의 소통이 부족했던 것 같다. 둘째, 팀원들은 나의 의사 결정이 느리다고 판단했다. 이 또한 놀라운 결과였다. 처음에는 왜 그런지 이해할 수 없었다.

나는 좀 더 상세한 분석을 한 후 나의 부족한 점을 보완하기 위해 그 당시 아래와 같이 리더십 개발 계획을 세웠다.

나의 리더십 개발 계획

▫ 팀원과의 소통 향상

· 나의 비전과 리더십 5계명 공유

· 업무 이외의 취미생활 및 이야기 소재 거리 세 가지 개발

- 업무 효율 향상
  - 부서 내에서 팀워크 향상 아이디어 세 가지 발견하기
  - 팀원들을 위한 경력개발 프로그램 업그레이드
- 일주일에 한 번 이상 팀원들 칭찬하기
- 책임감을 느끼고 신속하게 결정하기
- 보상 체계의 투명성 확보
  - MBO(목표 관리 계획) 검토 후 개선
  - 새로운 목표 설정 및 보상 방법 도출

리더십 개발 계획과 함께 '리더로서 나의 비전'도 만들었다. 아래는 그중의 일부를 발췌한 것이다. 나중에 이 글을 찾아보고 많이 놀랐던 기억이 난다. '10년 내에는 외국계 회사의 CEO…'를 꿈꾸었는데 실제로 그로부터 5년 뒤에 CEO가 되었기 때문이다. 이렇게 분석하고 계획하고 실행하는 것이 얼마나 중요한지 깨달았다.

"…리더로서 나의 꿈과 나의 비전을 새롭게, 그리고 더 크게 설정하여 보았다. 지금은 중간관리자이지만 10년 내에는 외국계 회사의 CEO 또는 국내 대기업의 임원으로서 비전을 더 크게 펼칠 수 있는 날이 올 것으로 믿는다. 그리고 이러한 비전과 꿈은 나의 회사, 나의 가족, 그리고 내가 있는 곳에서 항상 일관된 철학으로 공유되고

열정적으로 전파될 것이다."

'수신제가치국평천하(修身齊家治國平天下)'라는 말이 있다. 수신(修身)하는 가장 좋은 방법의 하나는 본인의 리더십 개발이다. 이 시대를 사는 수많은 직장인에게 당장 리더십 개발을 시작하길 권장한다. 우리는 모두 리더가 되어야 한다. 리더십이 있으면 치국(治國)은 아니더라도 직장 및 가정에서 더 나은 삶을 살 수 있다.

진정한 리더가 되면 승진은 따라오게 되어 있다.

아젠다(Agenda)의
마술

아젠다란 무엇인가? 아젠다(Agenda)는 사전적으로 의제(議題), 목록, 목차를 의미한다. 의제(議題)는 논의할 주제, 미팅 안건, 회의에서 논의할 문제를 의미한다.

우리는 생활 속에서 아젠다를 만들어야 하는 경우가 많다. 직장에서는 워크숍 아젠다, 전략회의 아젠다, 물류 관련 미팅 아젠다, 고객 미팅 아젠다, 장기 투자 아젠다, 신사업 발굴 아젠다, 수출 증진 계획 아젠다, 미디어 인터뷰 아젠다…. 정부에서는 중소기업 활성화 아젠다, 세금 조달 계획 아젠다, 복지 증진 아젠다, 외교 순방 아젠다, 정상회의 아젠다…. 이외에도 가정의 계모임에서, 동창회에서, 학교에서, 학원에서 아젠다에 따라서 움직이는 경우가 많다.

아젠다와 비슷한 의미를 지닌 단어가 많이 있다. 대학교에서 수강할 과목에 대해서는 실라부스(Syllabus), 어느 전공을 선택할 것이냐 할 때는 커리큘럼(Curriculum), 교육에 참여할 때는 프로그램(Program) 등으로 쓰인다. 이런 단어들을 혼용해서 쓰기도 한다. 어떤 단어가 쓰이건 큰 의미에서 아젠다는 우리가 인식하는 것보다 중요하다.

자식들 운동회에 참석할 때도, 피아노 발표회를 할 때도, 가족회의를 할 때도 아젠다는 여전히 중요하다. 책을 고를 때도 역시 제목, 서문, 그리고 목차가 차지하는 비중이 반 이상 되리라 예상한다. 특히 현대인들의 경우 복잡한 본문을 먼저 보는 경우는 드물 것이다. 목차만 보고도 책의 핵심 내용을 쉽게 이해할 수 있다면 그 책은 더 많은 독자를 얻을 수 있을 것이다.

아젠다를 설정하는 것은 무언가를 실행하기 위해 설계하고 계획하는 것이다. 집을 지을 때 건축설계를 하는 것, 여행을 갈 때 시간과 행선지를 정하는 것, 자영업을 시작할 때 사업계획서를 작성하는 것 등 계획을 잘해야 실행도 잘한다. 끊임없이 계획하고 실행하고, 개선하고 다시 실행을 반복하는 사람은 성공에 도달할 확률이 높다. 그런 사람은 인생의 아젠다 설정을 잘하는 사람이다. 아젠다는 개인에서부터 가정, 기업, 국가에 이르기까지 목적을 가진 구성원의 모든 단위에서 중요시된다.

아젠다의 중요성은 아무리 강조해도 지나치지 않다. 특히 직장에서 마케팅 또는 전략부서에서 일하는 사람이라면 아젠다의 중요성은 더욱 크다. MBA 과정에 '아젠다 세팅(Agenda Setting)'이라는 과목을 넣어야 하지 않을까 생각이 들 정도다. 내년 사업 계획, 3년 투자계획, 물류센터 확장 계획, 전분기 사업 검토, 3분기 판매 점검 등을할 때도 처음 시작하는 것이 아젠다 세팅이다. 어떤 제목으로, 무엇을 어떻게 어디까지 다룰 것인가는 사안에 관계되는 모든 사람에게아주 민감한 사안이다. 아젠다는 누가 설정을 하든 주제에 상관없이직급에 상관없이 치명적이다.

직장에서 업무를 하다 보면 아젠다를 잘못 세팅해서 고생하는경우가 많다. 넣어서는 안 될 주제를 설정하는 경우, 객관적으로 다루기 어려운 주제를 넣는 경우, 관련이 없는 사안이 추가된 경우, 단어를 잘못 선택한 경우, 아젠다가 너무 길거나 상세한 경우 등 직장인이라면 현업에서 많이 경험할 것이라 생각한다.

심지어 이런 아젠다는 한번 설정되면 변경하기 어려운 경우가많아 더욱 문제의 여지가 있을 수 있다. 왜냐하면 큰 논의 주제가 정해지면 시작 단계일지라도 보통 상사 또는 그 위의 지위에 있는 임원진이나 사장에게까지 보고가 되기 때문이다. 그러면 실무를 하는팀원들이 엉뚱한 상세 목차에 대해서 쓸데없이 시간을 허비하는 경우가 발생한다. 뻔히 결론이 도출된 건에 대해서 반복 작업을 해야 할 때도 있다. 기업의 규모가 커지면 커질수록 부정적인 파급 효과도 크다. 업무의 효율은 저하되고 부하직원의 스트레스만 증가할 뿐이다.

더 바보 같은 예도 있다. 잘못된 아젠다를 기준으로 억지로 작업을 했는데 아젠다가 다시 변경되는 것이다. 두 번 세 번 이상 바뀌는 경우도 발생한다. 이런 비효율을 잘 예측하고 바로잡는 것이 매니저의 몫이다. 주요 안건에 대해서 제대로 검토하고 최적의 아젠다를 설정하는 것은 CEO의 중요한 업무 중 하나가 되어야 한다. 아젠다와 더불어 관련 파워포인트 및 엑셀의 양식 등도 매우 중요하다. 아젠다의 마술에 잘못 걸려 직장생활을 좌절의 늪으로 만들지 말자.

좋은 아젠다는 어떤 효과가 있을까?

좋은 아젠다는 직원들을 리드하는 마법 같은 효과를 보여준다. 아젠다만 보고도 본인들이 알아서 무슨 일을 해야 하는지, 어떻게 해야 하는지 금방 이해할 수 있는 것이다. 이슈의 대책도 쉽게 도출하고 궁극적인 실행도 효과적으로 진행된다. 의사 결정이 빨라지고 다음 업무를 위해 무엇이 필요한지 알 수 있다. 소통이 원활해지고 표정이 밝아진다. 관련된 모든 직원의 업무 효율이 향상되고 시간이 절약되며 결과 도출을 빠르게 할 수 있다.

아~ 아젠다여! 이런 이상적인 아젠다만 있다면 출근길이 더 가벼울 텐데….

기업 운영을 하다 보면 복잡한 시장조사, 판매계획, 제품 출시 계획, 손익계산서 그리고 각종 지표 등을 계산하면서 방대한 자료가 필요할 때가 많다. 자료나 정보가 많으면 많을수록 방향성을 제시하고 핵심을 찌르는 주제 선정이 중요하다. 스마트한 아젠다로 직원들을 긍정적으로 리드할 수 있다면 출근하는 길이 즐겁지 않겠는가?

아젠다는 바꿀 수 없다는 고정관념을 버리자!

사장님이 정한 아젠다는 바꾸면 안 된다는 규정은 없다!

아젠다 결정은 지위가 높은 사람이 꼭 해야 하는 것이 아니다!

아젠다에 끌려다니지 말자!

아젠다 리더십으로 직장 분위기 업(Up)해보자!

유머로
위기 탈출

어린 시절 친구들끼리 이런 질문을 많이 했던 기억이 난다.

"사람과 동물의 차이가 뭐게?"

"사람은 생각할 수 있잖아."

누군가 지금 같은 질문을 한다면 나는 이렇게 답하고 싶다.

"사람은 유머할 수 있잖아!"

생각하는 능력은 아이큐가 높은 동물도 어느 정도 가지고 있다. 하지만 유머와 재치는 사람만이 할 수 있는 능력인 것 같다. 유머는 창조하는 능력이라고 생각한다. 책을 쓰고 노래를 만들고 그림을 그리는 것처럼, 유머하는 순간은 항상 새로운 분위기와 웃음을 만든다.

TV에서 개그맨들이 하는 유머와 재치를 보면 정말 대단한 창조활동이라고 생각한다. 노래는 한 번 만들고 같은 리듬을 반복하면 되지만, 개그맨들은 매번 다른 상황에서도 반전을 만들기 때문이다. 스토리를 만들고 긴장감을 더한 후 반전을 보여주면, 최고의 유머가 된다. 동물이 절대 따라 할 수 없다고 생각한다.

나는 개인적으로 타고난 유머는 없는 사람인데, 나름대로 유머 있는 사람이 되고 싶다. 앞서 리더십은 선천적인 부분과 후천적인 노력의 합으로, 노력하면 리더십도 좋아지는 것을 경험했다. 그런데 '유머할 수 있는' 능력을 키우기는 정말 어려운 것 같다. 유머 능력은 선천적인 영향이 더 크다고 생각한다. 가끔 직장에서 내가 '준비한' 유머는 실패하는 경우가 많았다고 고백하고 싶다.

유머로 직장생활을 좀 더 유쾌하게 할 수 있다. 나는 마케팅 직원들이 깔깔대고 웃을 때 좋은 아이디어가 더 많이 나오는 것을 보았다. 유머 자체가 창의적 활동이기 때문이다. 유머와 업무가 조화를 이루면 업무 효율이 평소보다 훨씬 좋아진다. 신제품 아이디어, 프로모션 아이디어, 감성 마케팅 등도 유머가 함께하면 항상 효과가 좋다.

유머는 직장에서 위기가 발생했을 때, 분위기 안 좋을 때, 스트레스받을 때 등 적재적소에서 활용할 수 있다. 독일의 심리학자 지그먼트 프로이트(Sigmund Freud, 1856~1939)는 유머를 이렇게 정의했다.

'유머는 유아기의 놀이적 마음 상태로 돌아가게 하는 어른들의 해방감.'

유머는 위기 상황에서 우리를 해방할 수 있다. 회의 중에 화난 상사를 웃게 만들 수도 있고 업무에 지친 직원들을 놀이적 마음 상태로 돌아가게 할 수도 있다. 유머는 각종 스트레스를 날려버릴 수 있다.

유머로 시작해서 유머로 내 기억에 남아 있는 유일한 인물이 있다. 미국 제40대 대통령 로널드 레이건(Ronald Reagan)이다. 그는 대통령이 된 지 70일이 되던 1981년 3월 30일, 총상을 당한다. 극도로 고통스러운 상처를 당하고도 영부인 낸시(Nancy Reagan)에게 이렇게 말한다.

"Honey, I forgot to duck!"
"자기야, 나 총알 피하는 걸 깜빡했어!"

이 재치 있는 말 한마디가 미국 시민들에게 전하는 메시지는 실로 위대했을 것이다. 칠흑 같은 어둠 속에서 피어오르는 한 줄기 빛과 같은 한마디의 말이었다. 한 나라의 대통령이 죽을지도 모르는 상황에서, 이 한마디는 모든 이들에게 그가 살아 돌아올 것이라는 희망을 안겨준 것이다. 그는 결국 회복해서 8년 임기를 무사히 마칠 수 있었다.

아! 나도 이런 유머와 재치가 있는 사람이 되고 싶은데….

레이건 정도의 수준은 아니더라도 우리 모두 유쾌한 직장생활을 위해 유머를 갖자! 지위, 나이, 성별에 상관없이 유머는 누구에게나 주어진 공평한 기회다. 실수를 포용하는 상사의 유머. 약자를 보살피는 유머. 따르고 싶은 리더십 유머. 설득을 도와주는 유머. 상사를 웃게 하는 유머. 이런 유머가 있다면 직장에서 업무성과는 저절로 따라올 것이다.

당장
MBA 해라

2005년 여름, 영업팀에서 4년 정도 근무하고 마케팅으로 부서 이동을 했을 때였다. 팀원 중 누군가 나에게 이렇게 말한 적이 있다.

"MBA 수료증 있으면 이력서 한 줄 더 채울 수 있어서 좋잖아!"

마케터로서 제품 담당을 맡은 지 얼마 되지 않았지만 솔깃하기도 했다. 필요하면 나중에 해야지, 하고 속으로 생각했다. 그리고 '나중에'는 5년 뒤가 되었다. 그것도 사랑하는 쌍둥이 딸이 태어난 지얼마 되지 않아서였다. 아내에게 너무나 미안했지만, 가족을 위한 것으로 생각했다. 결국 합격 통지를 받았지만, 회사의 지원을 받지 못하니 정말 다녀야 하나 싶었다. 그 당시 나로서는 적지 않은 시간과 돈을 투자해야 했고 MBA 과정 또한 쉽지 않았다.

하지만 돌이켜 생각해보면 MBA를 하지 않았다면 CEO로 승진할 수 없었을 것 같다. 나와 가족에 대한 투자였고 그 투자를 헛되이 하지 않기 위해 출석도 엄격하게 관리하고 호락호락하지 않은 과제에도 최선을 다했다. 현업에서 배우지 않았던 분야이다 보니 기본적인 지식이 없어서 고생을 많이 했는데, 같이 고생했던 동기들과 너그럽게 이해해준 가족들에게 지면을 빌어 감사드린다. 그렇게 고생 끝에 졸업한 후에는 왜 이걸 진작 하지 않았을까? 라고 생각할 정도로 스스로 만족했다.

나에게 MBA에 대한 호기심을 일으킨 그 팀원에게 나는 이렇게 대답하고 싶다.

"MBA 제대로 공부하고 실전에 활용하면 이력서 열 줄 이상 더 채울 수 있어!"

MBA는 종합예술이다. 한 가지라도 소홀히 하면 문제가 생긴다. 내가 MBA 과정을 시작했을 때, 나는 전략 관련 수업에 큰 관심을 가지고 있었다. 그런 나머지 관심사에 치중한 공부를 하고 회계 및 재무 관련 수업을 게을리했더니 졸업하는 데 어려움을 겪을 뻔도 했다. 회사를 운영할 때도 마케팅과 영업에 투자를 많이 한다고 해서 꼭 성장하는 회사가 되는 것이 아니다. 성장과 함께 물류에도 투자해야 하고 인사 및 복지에 대한 중요성을 이해하는 것도 중요하다.

MBA를 의술과 비교하면 쉽게 이해할 수 있다. 의사가 사람(人) 몸에 대해 공부하듯이 경영자는 법인(法人)에 대해서 공부해야 한다. MBA 과정은 법인을 진단하고 치료하는 의술을 공부하는 것이다. 전문지식과 도구가 없으면 환자가 아픈 원인이 무엇인지, 어떻게 치료해야 하는지 정확히 알 수 없다.

어떤 법인에서 소비자로부터 제품 공급에 대한 불만이 증가하고 있다고 하자. 이 원인을 진단하기 위해서는 물류의 흐름을 전반적으로 이해해야 한다. 원인이 다양하기 때문이다. 부품 공급 지연, 생산설비 가동 문제, 협력업체 부도, 오더 입력 오류, 물류센터 공간 부족, 패킹작업 인력 부족, 택배기사 부족 등 다양한 이유가 있을 수 있다. 이런 다양한 상황에서 문제의 정확한 원인을 찾아내려면 전문지식과 풍부한 경험이 필요하다. 진단을 잘못해서 엉뚱한 원인에 대해 개선 투자를 한다면, 회사는 점점 어려운 상황에 직면한다.

좋은 경영자는 이런 문제를 만났을 때, 신속하고 정확한 의사결정을 해야 한다. 나는 이런 판단 능력을 MBA 과정에서 배웠다. 따라서 경영자가 되고 싶은 사람은 3개월 또는 6개월 정도의 속성

MBA 코스보다는, 석사 수준의 MBA 과정을 졸업할 것을 적극적으로 권장한다.

법인(法人)과 인(人)을 좀 더 상세하게 비교해보자.

회사 운영을 사람의 몸과 비교한 것이다. 물류센터, 사무실, 교육센터 같은 것은 사람으로 치면 뼈에 해당한다. 인프라가 튼튼해야 성장이 수월하다. 돈과 인력 등 사업 개발 투자는 사람이 먹고 마시는 행위와 같다. 공장은 소화기관의 역할과 비슷하다. 제품 수요와 공급을 관리하는 것은 몸속의 피가 막힘없이 잘 흐를 수 있게 도와주는 것과 비교할 수 있다. 마케팅과 영업은 살과 근육, 그리고 얼굴에 해당한다.

사람이 성장하고 건강하게 오래 살기 위해 노력하는 것처럼, 회사도 성장하고 오래 지속할 수 있기를 바란다. MBA 과정을 통해서 그런 방법을 배우고 실전에서 익혔다고 생각한다. MBA를 취업이나 승진의 수단으로 사용하는 것보다는 MBA 자체에 집중해야 한다. 실전에서 활용하지 못하는 장롱 MBA도 피해야 한다. 글로벌 기업 지사장을 꿈꾸고 있거나 훌륭한 경영자가 되고 싶은 사람이라면 당장 MBA를 시작하기를 바란다.

MBA의 이점은 회사 생활에서 끝나는 것이 아니다. MBA는 가정을 운영하는 데도 적용할 수 있다. 가정은 작은 기업이나 다름없다. 나는 아이 셋을 둔 가장으로, 다섯 명의 가족이 있다. 적지 않은 수다. 자영업이나 소매점의 경우 두세 명이 운영하는 곳도 많은데, 가정이나 기업의 규모가 작더라도 성공적인 운영을 하기는 여전히 어렵다. 앞서 말한 대로 종합예술로서의 MBA의 특징 같은 것이 소규모 집단에도 똑같이 적용된다. 작은 기업도 마케팅이 필요하고 작은 가정에도 전략과 비전이 필요하다.

회사에서 비전을 얘기하듯이 가정에서도 비전을 세울 수 있다. 한 달 앞만 보고 사는 것보다는 1년이라도 미래를 설계하는 것이 가정의 안정과 성장에 도움이 된다. 자식들의 진로, 가장의 경력개발, 엄마의 자기계발 등을 제대로 하려면 30년 정도는 내다보고 미래를 설계하는 것이 좋다. 손정의 회장이 300년을 내다보고 30년 회사 비전을 설계하듯이, 30년을 내다보면 가까운 3년의 비전이 어떠해야 하는지 쉽게 알 수 있다. 가정의 비전이 확고하면 그냥 열심히 사는 것보다 훨씬 더 나은 가정을 이룰 수 있다.

한 가지 더 중요한 것이 있다. 비전을 세우고 나면, 그 비전을 실현하기 위한 구체적인 실행 계획이 필요하다. 그리고 그런 비전과 계획을 아내와 아이들과 함께 얘기하는 시간이 필요하다.

우리는 구체적으로 이러한 계획을 세워볼 수 있다.

- 비전(Vision) : 어디로 향해 가는지(To Where), 우리의 꿈(Dream)
  은 무엇인지.
- 미션(Mission) : 무엇을 해야 하는지(What to do), 무엇을 성취해
  야 하는지.
- 전략(Strategy) : 중·장기적으로 어떻게 해야 하는지(How to do).
- 전술(Tactics) : 단기적인 방법과 기술.

집안에 가훈 한 줄 덜렁 있는 것보다는 가족과 함께 인생의 계획을 구체적으로 디자인하는 것이 더 풍부하고 여유 있는 인생이 되지 않을까?

내가 체험한 MBA는 직장, 가정, 그리고 나의 인생에 긍정적인 영향을 주었다. MBA 과정에서 배운 것을 회사 운영에 활용해보고, 그중 가정에 적용 가능한 것들을 시도해본 것이다. 나아가 나의 인생 계획 및 비전에도 비슷한 원리를 사용했더니 효과가 좋았다. MBA에서 얻은 가장 소중한 교훈은 다음과 같은 마음가짐이었다.

내가 이 회사의 사장이다.

내가 가정의 리더이고 주인이다.

나는 내 인생의 경영자다.

파레토(Pareto) VS
롱테일(Long Tail)

MBA 과정을 통해 수많은 마케팅 이론과 전략을 실전에 적용하면서 많은 것을 배웠다. 이론과 현실은 많은 차이가 난다. 그런 차이나 괴리를 극복하기 위한 과정 그 자체가 배움이었다. 그리고 언제나 느끼는 것이지만 여기에 딱 떨어지는 정답은 없었다. 회사 내의 사정과 외부 환경의 변화가 점점 빨라지고, 4차 산업혁명 기술에 의해서 변화의 속도 또한 기하급수적으로 증가하고 있다.

파레토와 롱테일 법칙은 그런 변화 속에서 내가 적극적으로 활용한 이론 중의 하나였다. 마케팅이나 전략 관련 부서에서 일하지 않는 직장인에게도 도움이 될 것이다. 잘 정립된 이론이 현실에 적용될 때에는 엄청난 효과를 발휘한다. 나의 경우는 그 효과가 혁신적인 매출 성장으로 나타났다. 5년이라는 시간에 3배 이상의 성장을 달성하였다. 내가 CEO로 승진하는 데 결정적인 도움이 되었다고 생각한다.

파레토(Pareto) 법칙은 일반적으로 널리 알려져 있다. 처음에는 소득분포의 불평등을 설명하는 법칙이었으나 나중에는 기업 전략에 널리 적용되기 시작하였다. 보통 '80 대 20 법칙'으로 설명하는데, 상위 20% 고객(또는 상품)이 전체 매출의 80%를 차지하는 현상을 의미한다. 반대로 80% 소규모 고객 또는 판매가 저조한 상품들은 전체 매출의 20%밖에 되지 못한다는 것이다. 그리고 인터넷 시대가 도래하면서 롱테일(Long tail) 법칙이 나타났다. 간략하게 이해를 돕기 위하여 파레토 법칙과 롱테일 법칙을 도식화하였다.

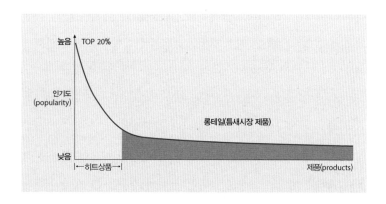

롱테일 법칙은 그래프와 같이 인기도가 낮은 수많은 상품이 마치 꼬리(Tail)처럼 길게(Long) 늘어선다는 의미이다. 롱테일에 해당하는 수많은 고객(또는 상품)도 잘 활용하면 상당한 매출 증대에 이바지할 수 있다는 것이다. 그런데 내가 만나본 사람 중에 롱테일 법칙을 잘 모르는 사람이 더 많았다.

우선 파레토와 롱테일을 좀 더 음미해보자. 두 가지 모두 '법칙'이라고 부른다. 사실 법칙이라기보다는 '현상'이라고 봐야 한다. 2 대 8이라는 비율이 왜 나왔는지는 잘 설명하지 못한다. 조사를 해보니 2 대 8이 나온다는 것이다. 롱테일도 사실은 현상을 설명하는 용어다. 인터넷 시대, 모바일 시대가 도래하면서 상품 전시에 공간의 제한을 받지 않으니, 방대한 수의 상품을 소비자에게 공급하기 쉬워졌다. 롱테일 현상의 대표적인 사례로 아마존(Amazon.com)의 성공적인 도서 판매법이 있다. 잘 팔리는 베스트셀러만 진열하는 것이 아니라 무려 100만 가지 이상의 도서를 제공함으로써 거의 모든 소비자의 요구를 만족시킨 것이다. 긴 꼬리(Long Tail)가 전체 매출의 상당 부분을 차지하게 된 것이다.

회사 운영을 잘하려면 이러한 경제 현상을 잘 이해하고 활용하고 확대해야 한다. 마케팅이나 전략을 담당하는 부서가 아니더라도 관심을 가질 필요가 있다. 이러한 현상은 다양한 방식으로 적용될 수 있기 때문이다. 그리고 2 대 8이라는 숫자와 비율은 잊어버리자. 1 대 9, 4 대 6, 5 대 5 모두 의미 있는 숫자다. 어떻게 그런 숫자가 나왔고 앞으로는 어떻게 만들 것인지가 중요할 뿐이다.

파레토 및 롱테일 현상은 여러 가지 기준과 영역에서 적용할 수 있다. 현상에 전략을 더하여 확대해보자. 그리고 다음과 같은 전략적 질문에 답해보자.

- 도매 고객에 집중할 것인가? 소매 고객에 집중할 것인가?
- 총판 체계로 갈 것인가? 직영점을 운영할 것인가?
- 딜러를 통해서 갈 것인가? 소비자에게 직판할 것인가?
- 오프라인 브랜딩이 중요한가? 온라인 마케팅이 더 중요한가?

사업 계획을 하고 실행하는 수많은 마케팅 및 전략 부서 직원들이 스스로 던지는 어려운 질문들이다. 최전선에서 고객과 대면하는 영업팀의 영원한 고민이기도 하다. 이러한 질문은 기업 운영 이외에도 국가와 가정, 그리고 개인에게도 확대할 수 있다.

- 대기업 지원 정책을 쓸 것인가? 중소기업 활성화에 더 투자할 것인가?
- 1~2인 가구를 위한 예산이 더 필요한가? 4~5인 가구 예산이 더 필요한가?

□ 내가 잘하는 수학에 집중할 것인가? 모든 과목을 두루 공부할 것
  인가?

□ 재무 분야로 계속 경력을 개발할 것인가? 다양한 부서 경험을 시
  도해볼 것인가?

이 모든 질문의 답은 파레토와 롱테일 사이에 자리 잡고 있다. 다만 비율이 다를 뿐이다. 집중도가 다르고 매출 비중이 다를 뿐이다. 투자 금액이 다르고 예산 편성이 다를 뿐이다. 투자하는 시간이 다르고 관심 정도가 다를 뿐이다.

내가 깨달은 가장 큰 교훈은 그 두 가지를 모두 잘하기 위해 노력하고, 항상 개선해야 한다는 것이다. 마치 수레가 잘 굴러가려면 두 바퀴가 모두 튼튼해야 하는 것과 같다. 한 바퀴로도 수레는 굴러갈 수 있겠지만 머지 않아 한쪽으로 넘어질 것이다. 두 바퀴 중에 한쪽에만 문제가 생겨도 수레는 제대로 굴러갈 수 없다. CEO의 임무는 수레를 지속적으로 힘차게 굴리기 위해 바퀴를 잘 관리하는 것이다. 그리고 수레를 굴러가게 하는 동력을 키우는 것이다.

나의 경우는 도매와 소매를 동시에 활성화하려고 전략을 계획하고 실행하면서 그러한 경험을 했다. 지속 가능성이 없는 기업은 결국 성공할 수 없다. 도매와 소매 두 마리의 토끼를 잡는 것은 정말 쉬운 일이 아니다. 수백 가지의 이슈와 위험에 항상 노출되어 있다.

모두 만족하기는 불가능하다. 균형 있게 전략을 펼칠 수 있는 운용 (運用)의 묘(妙)와 전략이 필요하다. 실제로는 끝도 없는 전쟁이다.

한 생산업체가 비슷한 제품군을 도매와 소매에 동시에 직접 판매하면 많은 문제가 발생할 소지가 있다. 도매업체는 소매점이 주요 고객이 되는데, 생산업체가 직접 소매에 판매한다면 충돌이 발생할 것이 뻔하다. 제품군이 겹쳐서 가격이 충돌하거나 같은 최종 소비자를 놓고 경쟁해야 하는 상황도 발생한다. 그렇다고 도매에만 의존하면 매출이 안정적이지 못하고 도매업체의 돌발적인 상황에 휘둘리기에 십상이다. 소매점을 통한 매출만 고집한다면 매출 상승이 더디고 엄청난 마케팅 비용을 지출해야 하는 상황이 오기도 한다.

도매와 소매의 장점만 취한다면 어떨까?

안정적이면서도 빠른 성장을 기대할 수 있을 것이다. 도매의 규모 있는 유통망과 소비자의 접점에 있는 소매를 통한 마케팅을 동시에 활용할 수 있다면 최상일 것이다. 파레토와 롱테일을 함께 전략으로 활용하는 것이다.

이런 전략을 본인의 경력개발에 활용하는 것도 좋은 생각이다. 본인이 좋아하는 부서의 업무에 집중하여 전문성을 키우고, 다른 부서로 이동해서 새로운 업무를 잘 소화해낸다면 그는 다재다능한 인재가 될 수 있다. 본인의 포텐셜을 키워가는 방법이다. 나의 경우는 영업에서 마케팅, 그리고 서비스, 재무의 순으로 경력개발이 진행되었고, CEO가 되어서는 물류와 인사에 집중하고 있다.

Comfort Zone을
벗어나자!

2005년경 직장 동료와 나눈 대화 내용의 일부다. 어느 날 영업 미팅 후 쉬는시간에 김 대리가 나에게 다가와 급한 듯이 물어보았다.

"3개월 뒤에 본사 마케팅부서로 이동한다며! 정말이야?"
"어, 그래. 가긴 가는데 날짜가 결정된 건 아니야."

나는 당황한 듯이 대답했다. 영업소는 실적 때문에 힘든 상황이었고 내가 부서 이동을 하게 되면 나의 목표치는 당분간 다른 사람들의 몫이 되기 때문이다. 영업소장도 인사부와 조율해서 나의 공식 발령을 늦추는 듯했다.

"야, 한 대리! 마케팅 업무도 보기보다 쉽지 않을 텐데 웬만하면 안 간다고 하지…. 우리 영업소를 위해서."

김 대리의 말은 정곡을 찔렀다.

마케팅이라고는 배운 적도 없고 경력은 영업밖에 없는데 내가 정말 자격이 있는 걸까? 마케팅부서에는 유학파도 많다던데 영어 실력도 애매한 내가 견딜 수 있을까? 김 대리의 말이 며칠 동안 머릿속에서 맴돌았다. 정든 부산을 떠나 서울로 가는 것도 아쉬웠고 새로운 업무에 대한 부담감과 긴장감도 밀려왔다.

하지만 첫 직장에서 4년 이상 영업을 하고 처음으로 마케팅이라는 새로운 분야에 도전할 기회였다. 건설 현장에서 영업한 경험이 있고 영어로 의사소통할 수 있다는 이유로 발령을 받을 수 있었던 것이다. 마케팅 업무에 대한 두려움은 있었지만 내가 현장에서 배운 것을 마케팅에 활용하고 접목할 수 있다는 기대감이 더 컸다. 이때 주변의 만류로 내가 거절하거나 포기했다면 지금의 나는 없었을 것이다.

영어에 'Comfort Zone'이라는 용어가 있다. 보통 '안주지대(安住地帶)' 또는 '안락지대(安樂地帶)'라고 번역한다. 그러나 그런 번역은 심리학, 또는 의학용어로 주로 쓰이는 것 같아 여기서는 자기계발에 관해 설명하기 위해 '편안영역(便安領域)'이라고 하겠다. 위키백과에 나오는 'Comfort Zone'의 정의를 해석하면 다음과 같다.

'편안 영역'이란 주변 환경이 친숙해서 편안하며 통제할 수 있다고 느끼는 심리적인 상태를 의미하며, 긴장과 스트레스가 낮은 상태를 경험한다. 이 영역에서는 꾸준히 성과를 내는 것은 가능하다.

나는 이 개념을 접하게 되면서 '편안영역'을 벗어나서 새로운 영역으로 이동할 때 자기계발이 가능하다고 생각했다. 그리고 실제로 지금까지 나의 모든 경력개발은 그러한 과정이었다고 해도 과언이 아니다. 나는 창업을 해서 CEO가 된 것도 아니고 사업을 물려받아서 CEO 된 것도 아니다. 사원으로 입사해서 승진을 거듭하여, CEO가 되기까지 지속해서 편하지 않은 영역을 탐험한 것이다.

설명한 것처럼 첫 번째 탐험은 영업팀에서 마케팅팀으로 이동한 것이다. 돌이켜보면 당연히 잘한 결정이었지만 처음에는 정말 쉽지 않았다. 내 열정은 높은 데 비해 현실은 그 열정을 받아주지 않았다. 내가 멀리서 바라보던 마케팅의 모습과 실제 근무하는 것은 매우 달랐다. 영업할 때는 마케터가 마치 놀고 있는 것처럼 보이기도 하고 마케팅부서가 늘 멍청한 일을 하고 있다고 비웃기도 했다. 사실 한걸음 떨어져 지켜보면 속사정이나 현실은 잘 모르는 것이다. 늘 전화 통화도, 회의도, 고객 방문도 같이 하지만, 직접 해보지 않고는 결국 모르는 것이다.

나는 꽤 오랫동안 마케팅 업무의 압박감에 시달려야 했다. 영업을 하다 마케팅이라는 새로운 분야에 도전한 것이 처음이었기 때문이다. 첫 아이 키우기가 힘들듯이 직장인들은 첫 변화를 맞이하는 시기가 가장 힘든 것 같다. 한때 어려움도 있었지만 그 후에는 마케팅에서 서비스 영역까지 확장했고, 국내 대기업에서는 신사업 개척 및 수출까지 경험했다. 그리고 재무 분야에 집중하던 시기가 있었고 CEO가 돼서는 인사 분야를 넓게 이해하게 되었다.

와인에 관심을 갖게 되면서 비슷한 경험을 했다. 비즈니스를 하다 보면 와인을 잘 알고 있어야 하는 경우가 많다. 큰 규모의 프로젝트나 고객을 상대로 할 때, 그리고 글로벌 비즈니스를 하다 보면 더욱 그렇다. 나도 비즈니스 차원에서 와인을 시작하게 되었다. 소주, 맥주를 주로 마시다가 와인을 마시면 처음에는 적응이 잘 안 된다. 이걸 이 가격에 왜 마시지? 라는 생각이 들기도 하지만 점차 적응하면 와인의 매력에 빠지게 된다. 한동안 와인 공부까지 했던 기억이 난다. 나는 소주, 맥주라는 편안영역에서 벗어나 와인이라는 불편한 영역으로 넘어온 것이다. 그리고 와인의 영역이 이제는 편하다고 느낀다.

우리가 편안영역을 벗어나서 새로운 영역을 시도해야 하는 이유는 다음과 같다.

- 어느 정도의 긴장감과 스트레스는 집중력을 증가시킨다.
- 긍정적으로 새로운 자극을 받게 되면 자기계발에 도움이 된다.
- 사람은 자신의 한계에 도전할 때 최대치의 능력 발휘가 가능하다.
- 새로운 것을 시도하면 창의성도 높아진다.
- 세상이 빠르게 변하므로 편안영역이 더는 편하지 않을 것이다.

위는 내가 직접 경험하고 느낀 바를 나열한 것이다. 내용을 일일이 설명하기보다는 내가 좋아하는 노래의 가사를 소개하고 싶다. 아일랜드 출신 4인조 남성 그룹인 Westlife가 부른 'The Rose'의 일부이다. 원곡 Bette Midler의 노래를 Westlife가 리메이크한 곡이다.

'Some say love it is a hunger. An endless, aching need.'
누군가는 사랑, 그것은 굶주림이자 끝없고, 가슴 아픈 갈망이라 하네.

이 가사의 '사랑' 대신에 '자기계발'이라는 단어를 넣으면, 내가 새로운 영역을 힘들게 파고들 때 느꼈던 마음을 충분히 설명할 수 있을 것 같다.

아, 우리는 진정으로 끝없이 가슴 아프게 갈망해야 하는가!

I say love it is a flower. And you it's only seed.

나는 사랑, 그것은 꽃이며 당신은 유일한 씨앗입니다.

사랑과 자기계발을 직접 비교하는 것은 무리한 비약이지만 그 원리는 왜 이렇게 통하는지 모르겠다. '나'라는 씨앗이 성장하기 위해 불편하고 고통스러운 변형을 해야 되기 때문이다. 결국, 나는 꽃이 되기 위해서 자신을 파괴해야 하는 씨앗이란 말인가!

자의든 타의든 잘 모르는 불편한 영역을 시도할 때 에고(EGO)의 저항감이 높다. 따라서 다음과 같은 가이드라인을 정리해보았다. 직장인들뿐만 아니라 누구에게나 적용할 수 있다.

- 어떤 영역 또는 분야가 자신에게 적절한 긴장감을 주는지 본인이 잘 파악해야 한다.
- 새로운 영역을 시도하기 위해선 계획과 용기가 꼭 필요하다.
- 호기심을 갖고 항상 자신을 자극하고 타부서, 타업종에도 관심을 두자.
- 불편한 곳에 나를 갖다놓자. 내가 가만히 있을 수 없는 그런 곳에.
- 너무 어려운 영역에 바로 도전하면 오히려 쉽게 포기할 수 있으니 주의하자.
- 단계를 밟아나가는 것이 중요하다.

- 불편한 영역을 정복해야 성공할 수 있다고 생각하자.
- 길게 보자. 우리는 퇴직 후에도 계속 자기계발이 필요하다.
- 해보고 싶은 것을 열거하고 실행 가능한 것을 미루지 말자.

한 가지 오해의 소지가 있는 부분을 설명하고 싶다. 사실 자신 있고 소질 있는 분야에 집중해서 성공하는 경우가 더 많다. 하지만 그 경우 역시 그 분야에서 깊이를 더하고 확장을 하여, 어렵고 불편한 영역에 계속 도전할 때만 가능하다.

나는 취미로 DIY목공을 한다. 집에서 간단하게 가족들을 위해서 사물함, 책장, 원목 좌탁 등을 만든다. 여기에서 만족하지 않고 목공방에 가서 더 복잡하고 스케일이 큰 것들을 만들 때도 있다. 더 다양하고 복잡한 전문가 수준의 작업을 원할 때는 인테리어 공사 현장을 찾아가기도 했다. 스케일이 훨씬 큰 목공을 배우려면 통나무집, 한옥 전문 시공 등을 배워야 한다. 이처럼 같은 분야라도 끊임없이 자신을 개발하고 새로운 것에 관심을 가지고 도전해야 한다. 같은 것을 하더라도 다르게, 그리고 끈기를 가지고 하자. 언젠가 인생의 꽃을 피울 수 있을 것이다.

부서장이 된 이후부터는 직원들 자기계발을 위한 코칭을 해왔다. 위에서 설명한 대로 자기 변화를 어렵지 않게 시도하는 직원도 있으나, 대부분 자신의 영역에서 쉽게 벗어나려고 하지 않는다. 할 수 있음을, 해야 함을 수없이 말로 해도 안 되고 보여줘도 안 된다. 깁스를 하면 근육이 굳어지는 것처럼, 편안영역에 오래 있으면 자신의 능력도 굳어진다. 무한경쟁 시대를 살면서 정말 살아남기 위해서는 후회하더라도 새로운 것을 시도해야 한다.

최근 나의 새로운 시도는 글쓰기다. 책 한 권을 완성하기 위해 매일 A4 2장 정도를 쓰려고 하는데, 내가 시도해본 것 중에 가장 어려운 일이었다. 사실 글을 쓴다는 것 자체가 두려웠다. 그러나 이제는 그 두려움이 점점 작아지고 있는 것을 느낀다. 아침에 더 일찍 일어나 글을 쓰게 되었고 점심도 간단하게 먹고 남는 시간에 글을 쓰게 되었다. 집에서 아이들과 놀다가도 무의식적으로 6인용 식탁에 앉아서 글쓰기를 반복적으로 시도했다. 어느덧 아이들이 나의 글쓰기에 관심을 두고 응원할 정도이니, 정말 잘한 도전이다.

진정한 레버리지를
깨우쳐준 스승

소프트뱅크 창업자, 손정의.

손정의 회장은 재일교포 3세로, 일본 소프트뱅크 그룹의 최고경영자다. 유튜브를 통해 그의 인생에 대해 알게 되었고, 그가 하는 비즈니스를 심도 있게 파악하려고 노력해왔다. 그러다 사업을 운영하는 그만의 방식과 비전을 발견하고 놀라움을 금치 못했다. 그의 가치관을 한마디로 이렇게 정의하고자 한다.

'혁명적인 신개념 레버리지를 발명한 인간!'

우선 레버리지가 무엇인지 알아보자. 레버리지(Leverage)는 '지렛대'를 의미한다. 경제학 용어로 타인의 자본을 이용해 자기 자본의 이익률을 높이는 효과를 말한다. 쉽게 말하면 돈을 빌려서 이자율보다 높은 수익률을 낸다면, 투자할 만한 가치가 있는 것이다. 1억을 빌리는 데 10%의 이자를 지급해야 하지만, 투자를 통해 20%의 수익을 만든다면 레버리지가 있다고 말한다.

이런 레버리지를 비슷한 방식으로 다른 상황에 적용하기도 한다. 돈을 빌리지 않더라도 레버리지 효과는 만들 수 있다. 가지고 있는 돈의 5%를 추가 사용해서 10%의 판매 성장을 한다면 이것도 레버리지다. 내가 친구한테 일을 맡기고 수고비를 지급해서 평소보다 2배의 일을 할 수 있다면 이것도 레버리지다. 혼자 멸치국수를 팔면 하루에 100인분, 한 명 더 고용해서 둘이 장사를 해서 300인분까지 판매할 수 있다면 투자를 고려할 것이다. 손정의 회장은 여기에서 한발 더 나아갔다. 아니 여러 발 나아갔다.

그는 '300년 비전'에 대해서 얘기한다. 정말 남다르게 미래를 보는 능력이 있다. 보통의 기업들은 당장 이번 주가 걱정이고 다음 달 마감이 걱정이다. 내가 다니는 회사 역시 매달 판매 마감이 중요하고 길어야 1년 또는 3년 앞을 내다보고 전략을 수립한다. 대기업들도, 정부도 길어야 5년 내지 10년 정도의 장기계획을 세운다.

그의 '300년 비전'은 현재의 전략을 판단하는 '지렛대'라고 생각한다. 300년 후의 세상을 예측하여 현재를 '레버리지'하는 것이다.

손정의 회장 본인이 이것을 '레버리지'라고 생각했는지는 모르겠지만 나는 이것을 시간 개념을 이용한 레버리지라고 생각한다. 미래를 빌어 현재의 가치를 상승시키는 것이다.

손정의 회장은 또 이런 말도 했다.

"당장 눈앞을 보기 때문에 멀미를 느끼게 됩니다. 몇백 킬로 앞을 보십시오. 바다는 기름을 제거한 것처럼 평온합니다. 저는 그런 장소에 서서 오늘을 지켜보고, 사업을 하고 있기 때문에 당장의 작은 일들은 전혀 걱정하지 않습니다."

이 말은 그가 레버리지를 하고 있다는 것을 본인 스스로 설명한 것이나 다름없다. 위에서 말한 '그런 장소에 서서 오늘을 지켜보고…'를 읽고 아래의 그림을 살펴보면, 지렛대의 원리를 그대로 묘

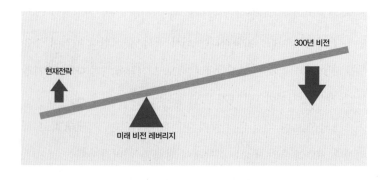

사했다고 생각할 것이다.

300년 뒤에 세상이 어떻게 바뀔 것이고 어떤 제품이나 서비스가 나타날지 예측한다면 현재의 전략적 의사 결정이 그렇게 어렵지 않을 것이다. 300년이 너무 멀다면 30년도 좋다. 실제로 소프트뱅크는 300년 미래를 예측하면서 30년 비전을 펼치고 있다. 요즘 많은 사람들이 얘기하는 4차 산업혁명 관련 기술이 주를 이룬다고 한다.

이러한 그의 미래를 보는 통찰력은 나에게 큰 영감을 불어넣었다. 비전 레버리지는 내 직장생활을 좀 더 풍부하게 만들었다. 손익계산서만 보면서 레버리지 얘기를 하는 나 자신을 부끄럽게 만든 것이다. 하루하루 힘들고 바쁜 일상을 살고 있지만, 적어도 10년 정도의 미래는 내다볼 수 있도록 계획하며 살게 되었다.

가끔 직원들에게 이런 말을 한다.

"열심히 한다고 되는 것이 아니야!"

이 말을 이렇게 바꾸면 가슴에 확 와 닿을 것 같다.

"너는 레버리지가 없어!"

레버리지 개념은 직장의 일상 업무에서도 여러 형태로 적용할 수 있다. 이를 테면 직장 내 업무가 넘칠 때, 혼자 끙끙대고 소처럼 일하면 금방 지친다. '아휴, 내가 해야지. 어떡하겠어…' 하면서 다른 부서 일까지 스스로 떠맡지 말자. 일 많이 한다고 반드시 인정받는 것도 아니다. 물론 하늘을 우러러 한 점 부끄럼 없는 정직과 성실은 기본이다. 좀 더 현명한 업무 처리 방법이 있을 거란 확신으로 계획하고 접근해야 한다.

예를 한 가지 더 들어보겠다. 사장의 지시 사항으로 건설 자재 시장에 대한 설문조사를 요청받았다. 소비자 30명 정도의 설문조사가 필요하다. 마케팅부서에서 진행하는 것으로 되어 있고, 구체적인 방법에 대한 지시 없이 부서장을 통해 한 대리가 설문조사를 진행하는 것으로 되었다. 한 대리는 본인이 맡은 업무가 산적해 있어서 어떻게 할지 고민한다. 혼자서 직접 발로 뛰면서 30명의 소비자를 만나는 것은 주어진 시간 내에 불가능해 보였다. 협력업체에 맡기기에는 너무나 모호했다. 그래서 한 대리는 다섯 개의 설문조사는 본인이 직접 하고, 나머지는 각 지역의 영업 담당 직원에게 맡기기로 하였다. 다섯 군데의 영업 지역에 각 다섯 개씩 분배하였다. 지역 대표 영업 담당들은 바쁜 와중에도 한 명씩 전화 통화를 하고 배경 설명과 나름의 논리로 고객이 불쾌하지 않게 설득을 하였다. 여기에 한 대리는 설문조사 때에 활용할 수 있는 작은 고객 선물을 보내주었는데, 결과적으로 설문조사는 마감 날짜보다 1주일이나 먼저 마무리되었고 조사의 신뢰도 또한 확보하였다.

이렇게 이미 가지고 있는 인력과 인프라를 이용하여 얼마든지 레버지리 효과를 낼 수 있다. 업무를 그냥 위임하거나 맡겨버리는 것이 아니다. 전체적인 기획은 하면서 부서 간에 협력한다고 생각하면 아무 문제 없다. 아무리 직급이 낮아도 기획만 잘하면, 직급이 높은 사람도 잘 따라줄 것이다. 고정관념에 사로잡혀 있지 말고 업무 속에 가려진 비효율을 간파하고 개선해보자.

손정의 회장에 대해서 할 얘기가 한 가지 더 있다.

그의 일본 이름은 손 마사요시다. 국적은 일본인이지만 그는 엄연히 한국인의 피를 가진 사람이고, 기질 또한 그러하다고 생각한다. 요즘 자주 쓰는 말은 아닐 수 있겠지만, 내가 어린 시절 한국인의 특징을 '은근과 끈기'로 많이 표현하곤 했다. 수많은 주변 민족들의 침략이 끊이지 않았던 한국의 역사 속에서, 한국은 반만년의 시간이 지나도록 한반도의 주인으로 남아 있다. 이렇듯 한국인의 기질을 타고나 끈질기게 버티는 힘과 인내심을 그 또한 가지고 있는 것이다.

그는 미국 유학을 결심하고, 17살에 샌프란시스코 살레몬테 고등학교에 입학하여 3주 만에 졸업해버리는 엄청난 비상함과 과감함을 보여주었다. 이후 캘리포니아 버클리대학에서 경제학과 컴퓨터과학을 공부한다. 입학 즉시 소프트웨어 공부를 시작해 1년 만에 음성 인식 자동번역 소프트웨어를 만들어낸다. 그리고 일본으로 돌아온 그는 19세에 인생 50년 계획을 세운다. 그의 계획은 이러했다.

'20대에 사업을 시작하고 30대에 최소 1,000억 엔의 자금을 마련한다. 40대에 사업에 승부를 걸어 50대에 사업을 완성하고, 60대에 다음 세대에 사업을 물려준다.'

그리고 이 계획이 모두 실행으로 옮겨지고 있다.

그의 인생은 마치 달구어진 쇠가 녹아서 용광로를 흐르는 것과 같다. 뜨거운 용광로의 쇳물은 거침이 없다. 누구도 활화산의 용암이 흘러가는 것을 막지 못하는 것처럼 말이다. 손정의 회장의 결단력과 실행력이 바로 그러하다.

우리는 3일 계획도 지키지 못하는 경우가 많다. 종이 위에 적어놓고 얼마 지나지 않아 잊어버리는 계획은 더 이상 하지 말자. 300년, 30년까지는 아니더라도 3년 앞은 내다보고 살아야 한다.

3년 뒤의 계획이 당신의 내일을 바꿀 것이다.

4

CEO가 되는
직장인의 비밀

나의 에너지(Energy)
관리 혁명

"시간 관리하지 말고 '에너지'를 관리하라."

몇 해 전 미국 마이애미에서 진행된 회사 워크숍에서 접하게 된 문구다. 글로벌 리더들을 위한 교육을 받던 중이었다. 이 문구를 접하는 순간 온몸이 '찌릿' 하면서 눈이 크게 떠졌다.

나의 '에너지'를 관리할 수 있다니!

한 번도 생각해보지 못한 개념이었다.

우리는 늘 시간 관리에 대한 강박관념이 있다. 시간은 정해져 있다는 생각 때문에 계획을 잘하려고 한다. 하지만 계획을 잘해놔도 실행을 못 하는 경우가 너무나 많다. 실행을 못 하면 업무시간을 늘

여서 야근하기도 한다. 계획이 늘 흐트러지는 것이다. 악순환의 반복을 몇 번 하고 자기반성 후 다시 시간 관리에 들어간다.

시간 관리는 중요하다. 잘하면 잘할수록 좋다. 계획을 더 잘게 쪼개어 보기도 하고 기상시간을 앞당기기도 한다. 그러나 무언가 뛰어넘기에는 한계가 느껴질 때가 많다. 이럴 때 필요한 것이 에너지 관리다. 에너지 관리를 어떻게 해야 하는지에 대해서 자세하게 배우기는 쉽지 않았다. 하지만 '어떻게 나의 에너지를 관리하지?'라는 질문을 스스로에게 던지면서, 나름의 노하우를 찾아내게 되었다.

물리학에서는 '일을 할 수 있는 능력'이라고 에너지를 정의한다. 종류로는 위치, 운동, 전기, 열, 화학 등의 에너지들이 있다. 이를 인간이라는 생명체에 대입해도 대부분 들어맞는다. 인간은 음식을 섭취해서 영양분을 변화시켜 위치에너지, 운동에너지, 또는 열에너지로 바꿀 수 있다. 화학에너지도 소화하는 과정에 있다.

생활 속에서도 우리는 많은 에너지를 만날 수 있다. 석유에너지, 전기에너지, 태양광에너지, 배터리에너지, 풍력에너지, 가스에너지, 마찰에너지, 자석에너지 등등 우리는 알게 모르게 언제 어디서나 에너지를 접하고 있다.

여기까지만 보면 에너지를 관리하는 것은 직장생활과 연결고리가 별로 없는 듯하다. 처음에는 체력을 키워 에너지가 증가하면 업무 능력도 좋아지지 않을까? 하고 단순하게 생각했다. 하지만 아래와 같은 질문을 던지는 순간 걷잡을 수 없는 생각의 늪으로 빠지고 말았다.

'인간만이 가지고 있는 독특한 에너지가 있을까?'
'독특한 에너지가 있다면 어떻게 관리해야 하는가?'
'그런 에너지들이 업무 능력과 어떤 관계가 있는 것인가?'

물질이나 동물과 달리 인간만이 갖고 있는 독특한 에너지가 있는 것 같다. 우리가 크게 웃는 행동은 에너지의 발산이다. 화를 내는 것 또한 에너지의 표현이다. 슬퍼하는 것, 즐거워하는 것, 희망에 차 있는 것, 욕하는 것 모두 에너지의 다른 형태이거나 표현이다. 우리가 가장 많이 하는 표현 중에 이런 것이 있다.

"아우~ 열 받아!"

이것은 정확하게 사람 속에 있는 에너지가 '열'로 발산된 경우를 표현한 것이다. 우리 인간은 이렇게 감정의 표현, 마음의 표현 등을 하면서 에너지를 변형하는 존재다. 이것은 인간만이 가지고 있는 독특한 특성이라고 생각한다.

직장생활에서도 이런 감정과 관련된 에너지의 표출을 볼 수 있다. 커피 마시면서 깔깔대고 웃기, 회의 중에 욱하고 화내기, 우렁차게 인사하기, 이 악물고 오늘은 참기, 마감 하루 전에 몰아치기, 다른 부서 욕하기 등이 있다. 그런데 이런 경우를 나열하다 보면 긍정적인 경우보다 부정적인 경우가 더 많다. 긍정을 표하는 상황이 많이 생각나지 않는 걸 보면 우리나라 보통 직장인들의 삶이 쉽지 않다는 것을 반증하는 것 같다.

이런 에너지를 어떻게 관리할 수 있을지, 스스로에게 계속해서 질문을 던졌다. 나는 에너지의 관리가 가능하다고 생각한다. 아직 관리의 방법이나 수준은 미약하지만, 충분히 발전시킬 수 있다. 우선 나의 에너지를 어떻게 관리할 수 있는지 생각 중이고, 부분적으로 이미 시도도 하고 있다. 나의 경험을 확대 적용하는 것도 가능할 것이다.

내가 소제목을 '나의 에너지 관리 혁명'이라고 붙인 이유가 여기에 있다. 나는 에너지나 감정을 관리할 생각을 해본 적이 없다. 그래서 내가 '에너지를 관리하라'는 얘기를 들었을 때 깜짝 놀란 것이다. 그 개념 자체가 너무나도 신선했다. 자기가 가진 에너지를 잘 관리하면 업무 수행 능력이 올라갈 것이라 판단했다.

'마감 하루 전에 몰아치기'에 대해서 생각해보자. 이런 현상은 직장생활에서 흔히 발생한다. 어떤 보고서의 제출 마감 기한을 한 달 이내로 하건 석 달 이내로 하건, 보고서는 하루 전에 완성된다. 보고서의 완성도 또한 별 차이가 없다. 영업 마감을 할 때도 이런 일이 벌어지고, 프로젝트를 진행해도 비슷한 상황이 발생한다. 이상한 일이다. 도대체 무슨 일이 벌어지는 걸까?

나는 이 현상을 에너지의 밀도 또는 집중도의 차이로 보았다. 보통 사람들은 이 현상을 시간 관리의 차원에서 바라보지만, 에너지의 개념으로 바라보면 다른 얘기가 된다. 회사원들은 다양한 회의와 행사, 그리고 외부 미팅과 출장 등 수많은 일정에 시달린다. 보고서나 자료 제출 기한 하루 전에 많은 양의 정보를 모으고 정리할 수 있는 이유는, 에너지를 집중하기 때문이다. 어떻게든 본인을 압박해서 짧은 시간에 일을 끝내려면, 가지고 있는 에너지를 스스로 끌어내야 한다. 에너지를 집중해서 밀도 있게 사용하면, 나도 모르는 능력이 나오는 것이다.

그렇다면 나의 에너지는 원하는 시간에 원하는 강도로 사용할 수 있는 것일까? 에너지를 관리하고 잘 운영하면 에너지의 양도 늘어날 수 있나?

지금까지 내 경험으로는 둘 다 어느 정도 가능하다. 나는 일단 나의 에너지 상태를 파악하려고 했다. 내가 일주일에 몇 번이나 크게 웃는지, 회의 중에 감정적인 답변을 몇 번 하는지, 어느 정도의 강도로 하는지, 상대방 칭찬을 얼마나 했는지, 욕심을 몇 번이나 부렸는지, 질투를 했는지 등등을 파악했다. 미안하지만 생각으로만 정리했기 때문에 별도의 괘도나 양식은 없다.

얼추 파악을 해본 후에는 기본적으로 부정적인 것은 줄이고 긍정적인 것은 늘리기로 계획하고 관리했다. 화를 내는 등의 부정적인 감정은 높은 에너지지만, 결국 본인을 해치는 방향으로 돌아오기 때문이다. 이 에너지를 소비하지 말고 긍정적인 에너지로 전환한다면, 같은 에너지를 사용하고도 인생의 효율을 높일 수 있다. 긍정적인 웃음은 높은 에너지이며 상대방에게도 좋은 영향을 미치기 때문에, 전체적인 에너지 또한 높일 수 있는 시너지(Synergy)효과가 있다.

그리고 일정을 보면서 언제 어느 정도의 에너지가 필요한지 검토해보았다. 전략회의나 워크숍, 반복적인 업무, 고객 방문 등 상황과 시간대, 참여도 등을 고려하여 에너지 강도와 크기를 판단해보았다. 그렇게 분석하고 예측을 하니 확연하게 느낄 수 있을 정도로 업무 처리 속도가 증가했다. 에너지 사용시간과 양에 따라서 몸이 알아서 반응하며 준비를 하는 듯했다.

나의 에너지 관리 혁명을 한 문장으로 표현하면 이렇다.

'자신의 감정 상태를 분석하고 감정의 품질을 개선하여 긍정적인 에너지를 관리하는 것.'

이를 진정으로 실행한다면 직장에서는 업무 처리 능력이 향상
될 것이고, 어느새 승진도 되어 있을 것이다. 가정에서는 좋은 아빠,
사랑이 가득한 엄마, 똑똑한 아들딸이 되어 있을 것이다.

우리 에너지의 흐름을 잘 관찰하자.

마음과 감정이 흘러가듯 에너지도 흘러가는 것이다.

우리 에너지의 변형을 잘 지켜보자.

사랑이 증오로 바뀌듯이 스트레스도 즐거움으로 만들 수 있다.

화(火)
리드하는 비법

직장생활을 돌아보면 우리는 늘 '화'와 함께 산다고 해도 과언이 아니다. 신입으로 입사했을 때도, 과장으로 승진했을 때도, 부서를 옮겨 CEO가 되어서도 화는 늘 함께 있었다. 회의 중에도, 출장 중 외부 행사를 할 때도, 고객과 함께 있을 때도 우리는 늘 스트레스라는 이름으로 부르는 상황에 부닥치게 된다. 그렇게 어느 순간 화가 찾아온다. 하루에도 몇 번이고 찾아온다. 그 형태와 강도는 모두 다르지만 가정, 모임, 직장 등 장소를 가리지 않고 나타나는 '화'는 피하기가 쉽지 않다. '화'와 관련하여 이런 말이 있다.

'계속 화를 내는 것은, 누군가에게 던지려고 뜨거운 석탄을 손

에 쥐는 것과 같다. 결국, 그것에 데는 사람은 바로 자신이다.'

- 부처 -

부처의 말은 화를 내면 어떻게 되는지, 화의 속성이 어떠한지, '화냄'의 결과물이 무엇인지 우리에게 잘 가르쳐주고 있다. 하지만 화를 어떻게 다스리는지, 또는 어떻게 대처하는지는 우리의 몫이다. 나는 언제부터인가 이런 화에 대해서 이해하고 개선하려고 노력했다. 이 문제를 해결하지 않고는 즐거운 직장생활이 불가능하다고 느꼈기 때문이다.

앞서 첫 소제목 '나의 에너지 관리 혁명'에서 감정을 에너지로 보았고 그것을 관리하는 방법에 관해서 얘기했다. 화도 감정의 한 종류이므로 일부 내용이 중복될 수도 있다. 그러나 화에 대한 좀 더 상세한 나의 경험을 나누고 싶어서, 별도의 장에 넣었음을 이해해주기 바란다.

화가 생겨나는 것은 자연스러운 일이다. 하지만 화를 내는 것을 보면 자연스럽지 않다. 화의 발생과 표현은 별개의 문제인 것 같다. 나도 화를 내고 후회한 적이 많다. 화를 낸 나의 모습을 순간적으로 돌아보고 '아! 내가 왜 그랬지!' 하며 금방 후회하는 것이다. 화를 낸 나의 모습은 평소의 내가 아니었던 같다. 남이 화내는 것을 보아도 마찬가지다. 내가 알고 있던 그 사람처럼 보이지 않는다. 화를 내면 그 속에 있는 자신의 모습이 보이지 않는다.

오쇼 라즈니쉬(Osho Rajneesh)의 〈명상비법(1992)〉에 나오는 한 구절이다. 인도의 오래된 수행법을 소개하면서 다음과 같이 설명한다.

'화를 참으려 하지도 말고 화를 내려고 하지도 말고, 화가 나는 순간 그 화를 직시하라. 그러면 화가 가라앉고 내가 나의 주인이 될 것이다.'

이 문구를 접하고 화에 대해서 많은 생각을 하기 시작했다. 화를 직시할 수 있다는 생각 역시 처음 하게 되게 된 것이다. 그간 나 자신을 직시하려고 노력했지만 화에 집중하여 직시한 적은 한 번도 없었기 때문이다. 화를 직시하여 화가 가라앉고 내가 나의 주인이 되는 것은 정말 놀라운 경험일 것이다. 그간 화를 참으려고 많이 노력했다. 그런데 화를 참으려 하지도 말고 화를 내려고 하지도 말라 하니 처음에는 구체적으로 무엇을 해야 할지 감이 오지 않아 실행하기 어려운 일이었다.

직장에서 회의 중에 공격을 받거나, 상대방과 강력하게 충돌하는 상황에 있을 때 화가 생겨난다. 그때 나를 보호하기 위해 속으로 소극적으로 짜증을 내기도 한다. 그러나 이 화가 쌓이고 쌓여 더 커지면, 상대방을 공격하면서 노여움을 표출하게 된다. 상대방은 더 큰 분노로 대응한다.

정말 어렵다. 이 상황에서 어떻게 화를 다스릴 수 있는 것인가!

나는 일단 화를 객관적으로 보려고 했고, 다음과 같은 특성으로 화를 파악하였다.

□ 화의 특성

· 화는 아지랑이와 같다. 때가 되면 생기고 사라진다.

· 화는 경계가 없이 파고든다. 나이, 지위, 명예, 장소 등을 가리지 않는다.

· 화는 시간도 초월한다. 과거, 현재, 미래를 넘나든다.

화는 생겨나고 커지고 지속하고 작아지고 사라진다. 이를 이해하고 인정해야 한다. 이를 억지로 거스르거나 극복하려 하면 되레 화를 당한다.

국회의원도 화를 내고 유명 연예인도 화를 내고 명예가 높은 학자들도 화를 낸다. 어린아이부터 할아버지까지 나이와도 무관하게 화를 가질 수 있다. 화장실에서도 교실에서도 회의 중에도 화는 난다. 친구에게도 윗사람에게도 아랫사람에게도 화는 자유로이 왔다 갔다 한다. 화의 일어남은 예외가 없다.

화의 원인 또한 불특정한데, 과거의 화를 불러오기도 하고 미래의 화를 상상해서 부풀리기도 한다. 현재의 화와 뒤섞이기도 한다. 그리고 그 변형 속도 또한 빠르다. 자기가 언제 왜 화를 냈는지 모를 때도 있다. 화는 시간을 초월하여 넘나든다. 우리는 지금 이 시간, 지금 여기에서 살아가기도 바쁜데 말이다.

화에 잡아먹혀 자신을 다스리지 못하는 시간만큼 나의 에너지도 소진되는 것이라 느꼈고, 그 상태에서는 다른 일에 집중할 수 있는 효율이 떨어지는 게 당연했다. 하여 나는 화라는 것을 이해하고 다음과 같이 다스리는 방법을 도출하였다. 실제로 실행해본 것들인데 효과가 있었다고 생각한다.

▫ 화를 다스리는 비법

· 화를 제3자로 보기. 화는 화. 나는 나. 따라서 화와 나를 동일시하지 말자.

· 화를 편하게 지켜보기. 화는 느껴진다. 화는 움직인다.

· 화를 참지 말자. 화를 누르려고 하지 말자.

· 인위적인 방법으로 화를 통제하지 말자.
  숫자 세기(X), 알파벳 외우기(X)

· 화의 원인은 생각하지 말자.

우리가 화가 일어날 때 하는 가장 흔한 실수는 화와 나를 동일시하는 것이다. 화는 내가 아니다. 화는 눈에 보이지 않는 에너지 같은 것이다. 그 화를 나로 착각하고 화를 내면 화가 더 커질 뿐이다. 없던 화가 보태지고 자라난다.

화 지켜보기, 관찰하기, 또는 직시하기 등 여러 표현을 쓸 수 있다. 여기서 중요한 것은 최대한 자신을 이완하고 지켜보는 것이다. 몸과 마음을 동시에 이완해야 한다. 그래야 화가 더 쉽게 보인다. 화가 느껴지고 움직이는 것이 보이고 커지고 작아지는 것도 보인다.

우리는 '내가 참아야지!'하고 화를 억누르며 감추거나 물리치려고 한다. 화를 그대로 두고 지켜보면 사라지는 경우가 많다. 화를 누르면 몸속에 쌓일 뿐이다.

화를 참거나 순간 모면을 위해 속으로 숫자 세기 등의 주문을 외워보지만 크게 효과는 없는 것 같다. 오히려 화 지켜보기에 집중하고 현장에서 다스려야 한다. 자연스럽게 생긴 화를 인위적으로 통제하면 좋지 않다.

화의 원인을 자꾸 생각하면 안 된다. 내 경험으로는 원인을 찾아나서면 다른 원인이 간섭하기 시작하고 결국 원인은 모르고 화만 더 나게 된다. 남 탓을 하게 되기 때문이다. 화의 원인보다는 결과가 더 심각하다는 것을 알아야 한다.

위의 5가지 화 다스리기 비법이 와 닿지 않는다면, 다음과 같이 화와 먼저 친해지는 것도 괜찮다.

ㅁ 화와 친해지는 법

· 화와 대화하기. 화야! 안녕~

· 화를 반겨주고 보내줄 것

· 화와 싸우지 말고 친해지자!

화를 친구로 생각하면 훨씬 마음이 가벼워진다. 화를 나쁜 친구로 생각하지 말고 마치 오래된 기억에 남아 있는 친구라고 생각하면 편할 것 같다.

"어~ 친구야, 또 왔니? 반갑다! 이번엔 얼마나 있다 가니? 그래, 잘 가~ 다음에 또 와!"

이런 비법을 실행하고 테스트할 수 있는 가장 좋은 상황은 아래와 같다. 화 다스리기 훈련장이나 다름없다. 평소에 늘 발생하는 상황이라 별도의 시간을 들일 필요가 없다.

ㅁ 화 다스리기 훈련장

· 운전 : 운전 중에도 화를 꼭 지켜보기. 내가 나를 하늘에서 내려

다보고 있다고 생각하면 효과가 좋다.

- 회의 : 화를 회의에 참석한 사람 중에 하나라고 보면 마음이 편해진다.
- 인터뷰 : 부정적인 집요한 질문을 받을 상황에서는 미리 준비한 답변만 제한적으로 한다.

운전을 하다 보면 직장에서보다 더 높은 빈도로 더 강하게 화가 찾아온다. 운전 중에 발생하는 화 때문에 교통사고의 확률도 높아진다. 앞차가 속도를 못 맞추고 차선 변경이 서툴다는 사소한 이유로 화가 나기도 한다. 경적을 울려도 변화가 없으면 이내 급한 마음에 추월해버린다. 화가 치밀어 올라서다. 추월하면서 80세가 넘어 보이는 할아버지가 운전자임을 확인할 때면 이내 화가 풀리고 미안한 마음마저 든다. 아! 좀 더 참고 지켜봤어야 했는데….

회의 중에 화를 피하기 위해서는 회의 전 미팅 내용에 대해 충분히 준비하고 숙지하는 것이 필요하다. 갑작스런 정보나 예상치 못한 반대 의견 등이 화를 불러오기 때문이다. 회의 중에는 상대의 말을 경청하려고 노력하고 답변은 최대한 논리적으로 해야 한다. 화가 나더라도 당황하지 말고, 화가 늘 있었던 것처럼 침착하게 대응하면 화가 어느 순간 사라진다.

TV에서 기자들의 집요한 질문에 당황하는 정치인이나 기업인들이 있다. 인터뷰를 하는 상황에서 감정적으로 대답을 하거나, 화가 나서 질문한 상대를 공격하기도 한다. 회사의 고위 임원진이나 대표는 이런 상황에서 화와 감정을 조절할 줄 알아야 한다. 공식적인 인터뷰에서 화를 내면 본인과 회사에 대한 부정적인 이미지를 줄 뿐이다. 기자들은 정보를 더 얻기 위해 집요하게 질문을 한다는 것을 알고 있어야 한다. 어려운 답변은 '좀 더 알아보고 말씀드리겠습니다' 등의 대응이 좋다.

나는 화를 리드할 수 있다고 생각한다. 통제하여 다스리기보다는 친구처럼 지내고 긍정으로 승화하는 것이 가능하지 않을까? 그러면 오늘도 출근하는 길이 즐겁지 않을까?

'숨쉬기',
잘해야 성공한다

"어휴~ 이제야 한숨 놨네."

　평소에 가끔 듣거나 혼자 하는 말이다. 가정에서보다 직장에서 더 자주 쓰이는 이유는 숨을 제대로 못 놓을 일이 자주 생기기 때문이다. 쉴 새 없이 많은 회의에 참석하고 문서를 작성하고 각종 프로젝트를 진행하다 보면 긴장을 놓을 수 없기 때문이다.

　3개월 동안 진행된 신제품 프로젝트가 있다고 하자. 프로젝트팀은 자료 수집, 출시 계획, 매출 예측 등 여러 가지 중간 보고서를 제출했다. 가격에 대한 재검토 요청이 몇 차례 있었고, 출시 이벤트 계획도 세 번이나 수정했다. 이 프로젝트 외에도 다른 부서와 함께 진행되는 두세 개의 프로젝트가 더 있었다. 때로는 팀원들이 야근까지 하면서 자료 보강 및 예산 계획을 다시 했다. 몇 번의 재검토 끝에 사장님과의 최종 검토를 가까스로 통과하면, 프로젝트 구성원들은 분명히 '한숨'을 놓았을 것이다.

어찌 보면 우리는 자연스럽게 숨을 못 쉬고 사는 것 같다. 특히 직장인들, 자영업자, 서비스업 종사자들은 더욱 그럴 것이다. 스트레스 때문에 숨을 가쁘게 쉬거나, 긴장 및 걱정으로 인해 호흡의 리듬을 잃어버리는 경우가 많다.

상사에게 심하게 야단맞고 있을 때를 생각해보자. 일단 누구라도 지적을 당하거나 잔소리를 듣게 되면, 호흡이 짧아지고 가슴이 덜컹 하고 멈칫하게 된다. 호흡이 얕아지고 들이쉰 공기를 잘 내쉬지 못한다. 이렇게 되면 혈액순환도 잘 안 되고 생체에너지도 감소한다. 지적 사항들 때문에 일은 더 쌓여가는데 업무 효율은 오히려 현격히 떨어지는 것이다. 숨 막히는 일이 아닐 수 없다.

사람은 음식을 먹으면 소화를 한다. 과식하거나 잘못된 음식을 먹으면 배탈이 난다. 배탈이 나면 소화제를 먹는다. 그런데 우리는 숨을 잘 못 쉴 때엔 별다른 조치를 하지 않는다. 일단 그냥 내버려둔다. 자연스럽게 정상으로 돌아오길 바라지만, 현실 속에서는 불규칙한 호흡을 계속하고 있다.

이런 어려운 상황을 극복하고 불안한 '숨쉬기'를 개선하기 위해서 내가 사용한 방법이 있다. 흔하지만 남들과는 조금 다르다고 생각한다.

첫째, 자기만의 시간을 만든다.

이건 반드시 혼자 있는 시간이어야 한다. 아침 일찍 출근하거나 점심시간 전후도 좋다. 아니면 오후 휴식시간에도 좋다. 이런 시간을 활용하여 걷기를 하는 것이다. 회사 주변만 걷는 것이 아니라 땅을 밟을 수 있는 장소를 고른다. 너무 가까운 곳보다는 거리가 좀 멀더라도 몸을 풀 수 있는 정도의 거리가 좋다.

나는 사무실에서 600미터 정도 떨어진 역삼초등학교를 즐겨 찾는다. 20분 이상 걸어서 약간 땀을 흘릴 정도가 된다. 걷기가 건강에 좋다는 사실은 다들 알 것이다. 그리고 역삼초등학교로 걸어갈 때 매번 다른 길로 가려고 한다. 그래야 산적한 업무가 머릿속에서 사라지고 새로운 것들이 눈에 보인다.

학교 운동장으로 들어서서 땅을 밟으며 깊은 숨을 들이쉬고 푹 내쉬는 순간, '아~ 바로 이거야!' 하며 마치 산골 고향에 오랜만에 온 듯한 느낌을 받는다. 어느 순간 모든 근심, 걱정을 내려놓고 자연스럽게 긴장을 풀게 된다. 숨은 깊고 길어진다. 콘크리트와 아스팔트로 둘러싸인 삭막한 도심 한복판에서, 마치 유일한 해방구를 발견한 것 같다. 어린 시절 시골에서 놀던 그 에너지를 여기서도 느낄 수 있다니! 나에겐 역삼초등학교 운동장이 마치 강남구의 커다란 땀구멍이 아닌가 하는 생각이 든다. 사실 이런 장소는 어렵지 않게 찾을 수 있다. 양재동에서 근무할 때는 '시민의 숲'으로 갔고, 삼성동에 있을 때는 '선정릉(宣靖陵)'을 이용했다. 이외에도 사무실 주변에서 학교 운동장은 쉽게 찾을 수 있다.

그렇게 긴장을 풀고, 마음을 환기하고 다시 사무실로 돌아오면 신기하게도 막막하기만 했던 업무들이 술술 풀릴 때가 있다. 머리 회전도 훨씬 가볍고 빨라진다. 자신감이 생기고 불안감은 줄어든다. 부정이 긍정으로 바뀐다.

우리 직원들은 내가 이런 '탈출'을 하는지 잘 모른다. 지면을 빌어 적극적으로 권장하고 싶다. 커피숍에서 보내는 시간보다 적게 투자해도 충분하다. 회사 주변이나 옥상보다는 조금 더 멀리 있는 곳을 찾아보자. 흙을 제대로 밟을 수 있는 곳으로….

둘째, 멈추고 호흡하는 것이다.

멀리 걷기가 어려우면 이 방법이 좋다. 가까운 주변을 걸으면서 할 수 있고 사무실 책상에서도 할 수 있다. 이것 역시 혼자 해야 효과가 좋다. 혼자 있어야 같이 있을 때 안 보이던 것을 볼 수 있다. 혼자 있어야 평소에 못하던 생각도 할 수 있다.

일하다가 뭔가 풀리지 않을 때 일단 무조건 몸을 멈춘다. 앞에 있는 뭔가를 바라보면서 허리를 펴고 숨을 길고 깊게 들이쉰 다음 호흡을 멈춘다. 어느 정도 참다가 다시 길고 깊게 내뱉는다. 다시 들이마시고 참고 내보내기를 세네 번 반복하면 불안한 호흡이 차분해지고 머리가 좀 맑아진 듯한 느낌이 온다. 그런 후에 문서를 바라보면 막혔던 생각이 풀릴 때가 있다.

사무실 의자에 앉아서 하기 힘들다고 판단되면 사무실 밖으로 나가서 아는 사람이 없는 곳으로 걸어가보자. 걷다가 어느 한 곳을 물끄러미 바라보고 똑같은 연습을 한다. 바라보던 주변이 달라 보일 것이다. 다른 시각에서 보면 같은 물체도 달라 보이듯이, 다른 호흡을 하고 관찰하면 모든 것이 조금씩 달라 보인다.

이 연습을 아침 일찍 출근해서 한다. 하루에 세 번 이상 반복적으로 할 때도 있다. 장소를 군이 정하지 않고 간단한 스트레칭 후에 자연스럽게 한다. 한번은 주차장에서 서서 호흡을 하고 있는데, 경비실에서 목소리가 들려왔다. 알아들을 수 없는 속발음으로 성경 같은 것을 외우는 듯했다. 목소리를 따라가서 물어보니 경비실 아저씨가 소설을 읽고 있는 것이다. 알고 보니 문예창작과에 재학 중이라고 한다. 평소처럼 사무실로 그냥 올라갔으면 그런 목소리가 들리지 않았을 것이고 아저씨의 인생에 대해서도 전혀 모르고 지냈을 것이다. 이처럼 잠시 멈추고 호흡하니 귀가 열리기도 한다. 무관심했던 사람과 물건이 보인다.

이런 호흡법이 기술적으로, 또는 의학적으로 몸속에서 어떤 변화를 일으키는지는 잘 모른다. 언젠가 취침 전에 수면을 돕는 방법이라 한 것을 비슷한 방식으로 생활에 활용했을 뿐이다.

우리 인생은 생물학적으로 숨쉬기로 시작해서 숨정지로 끝난다. 살아 있는 동안이라도 올바른 숨쉬기를 한다면 더 나은 인생을 살 수 있지 않을까? 숨 막히는 직장생활, 숨 가쁜 가정사에 너무 묻혀 살지 말자. 가끔은 멀리 보며 걷고, 잠시 멈추고 숨 조절하면, 바쁜 일상 속에서 보지 못한 것들이 보일 것이다.

하루 일과는 눈코 뜰 새 없이 바빠도 일주일 호흡은 길게 하자. 스마트폰에서 쏟아져 나오는 정보에 압도당해서 자신을 잃어버리지 말고, 잠시 멈추고 책을 읽어보자. 사무실에 쌓여가는 문서에 조급해하지 말고 심호흡 한번 하고 지켜보자. 아침에 출근하자마자 PC부터 켜지 말고, 5분이라도 멈추어 생각하는 시간을 가져보자. 그러면 평소에 생각하지 않던 것을 생각하게 되고 무엇을 해야 하는지, 어떤 것이 더 중요한지 보일 것이다.

점심,
하루 업무의 쉼표!

"오늘 점심 뭐 먹을까?"

현대인들이 가장 많이 하는 질문에 대해 설문조사를 한다면 아마도 1위를 할 것으로 예상한다. 직장에서, 학교에서, 그리고 군대에서도 점심시간은 하루를 좌우할 정도로 중요하다. 외근이 많은 영업사원, 택시기사들, 그리고 수많은 자영업자들도 점심 때문에 하루가 즐겁기도 하고 힘들기도 하다. 생각해보면 아침이나 저녁 메뉴는 점심 메뉴만큼 고민하지 않는다.

사람들이 점심을 먹기 시작한 것은 근세의 일이라고 한다. 아주 오래전에는 아침과 저녁 두 끼를 주로 먹고 점심이라는 개념이 없었다. 현대인들은 아침을 간단히 먹거나 거르는 경우도 많아서 점심시간이 꼭 필요하게 된 것이다.

점심(點心)은 한자어로 풀이하면, '마음에 점을 찍는다'라는 의미다. 참선하는 승려들이 수도하다가 배가 고프면 마음에 점을 찍듯 먹는 음식을 가리키는 말이다. 이처럼 말의 기원으로 보면 점심은 간식처럼 먹는 식사다. 영어에서도 점심을 'Lunch Break'로 자주 표현하는 것을 보면 비슷한 맥락이 있다. 수도승이 마음에 점을 찍는다면, 직장인은 점심으로 하루 업무에 점을 찍어야 한다. 점이 마침표(.)가 되거나 물음표(?)가 되면 안 되고 쉼표(,)가 되는 것이 제일 좋다.

'점심, 하루 업무에 쉼표를 찍다!'

직장인에게 점심은 메뉴의 선택도 중요하지만 먹는 양과 시간도 중요하다. 점심 전후로 업무 효율이 많이 떨어지기 때문에 점심 식사를 잘해야 하루가 매끄럽다. 양이 너무 많으면 식곤증이 와서 오후 2~3시까지도 진도는 못 나가고 시간만 허비하는 경우를 많이 겪었다. 점심시간을 쉬어가는 시간으로 생각하고 컨디션 조절을 잘해야 한다. 잘 노는 사람이 공부도 잘하듯이 잘 쉬는 사람이 일도 잘한다. 농사 일도 열심히 해야 새참이 맛있듯이 직장 일도 열심히 해야 점심이 맛있다.

때로는 점심시간 1시간을 좋은 기회로 만들 수도 있다. 매번 친한 직원하고만 먹지 말고 다음과 같이 의도적으로 점심을 기획해보자. 하나, 심각한 회의 대신에 식사 자리를 만들어 분위기를 가볍게 해서 문제를 해결한다. 둘, 팀 분위기가 안 좋을 때 산뜻한 메뉴 제안으로 팀원들을 즐겁게 만든다. 셋, 때로는 회사에서 지하철 한 정거장 정도 떨어진 곳에서 다른 회사 직원들과 점심 약속을 시도해보자. 새로운 정보와 에너지가 생긴다.

이외에도 고객을 만날 때나 외부 손님이 오셨을 때, 점심시간을 좋은 소통의 기회로 만들 수 있다. 점심 리더십이 가능하다. 점심으로 직장 분위기 리드할 수 있다. 이왕 먹을 점심, 맛있고 멋있게 먹어보자. 지위에 상관없이 가능하다. 이것도 연습해야 한다. 작은 의전이다. 작은 계획과 실행이다. 가끔은 내가 주인인 것처럼, 리더인 것처럼 행동해보자.

벗어나야 할
착각들

'Risk comes from not knowing what you're doing.'

'위기는 자신이 무엇을 하고 있는지 모르는 데서 온다.'

워런 버핏의 명언이다.

사람은 아는 만큼 살고, 살아온 만큼 알게 되는 것 같다. 잘 살려면 자신이 무엇을 하고 있는지 알아야 한다. 그러면 무엇을 하지 않고 있는지 알 수 있고, 앞으로 해야 할 것 등을 결정할 수 있다. 문제는 무엇을 하고 있는지 안다고 착각하는 것이다.

그런 착각을 한 채로 인생을 살아가는 사람이 많다. 인간은 자신이 의식하는 세계보다 무의식의 세계가 훨씬 크다고 한다. 한데 의식

에는 한계가 있으니 의식하지 못하는 것들은 무의식의 세계에 남겨
두게 되는데, 이것을 없는 것이라 착각하는 것이다. 이런 뇌과학적인
설명보다는 실생활에서 벌어지는 착각을 보면 쉽게 이해할 수 있다.

　예를 들면, 의류 할인 매장에서 프로모션을 진행 중이라고 하자.
'20% 할인'보다는 '60% 할인' 제품이 눈에 더 끌린다. 구매하고 나
중에 인터넷에서 같은 제품의 가격을 검색해보니, 20% 할인한 제품
의 가격이 더 저렴했다. 60%의 할인이 어떤 가격에서 60% 할인된
것인지 확인할 생각을 못 했을 것이다. 그저 눈으로 인식하는 숫자
가 앞에 보이니까 싸다고 착각하고 산 것이다.

　또 다른 예를 보자. 아래 그림에서 왼쪽과 오른쪽 가운데 있는

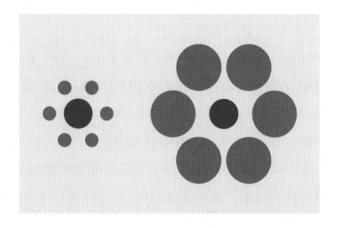

동그라미 크기가 다르게 보일 것이다. 실제로 두 원의 크기는 같다.

이렇듯 우리가 눈으로 인식하는 것은 실제와 다르며 이러한 인식의 차이로 세상이 달라 보인다. 자신이 인식하는 나는 진짜 나인가? 아마도 아닐 것이다. 내가 인식하는 남은 진짜 남일까? 확실히 아닐 것이다. 이렇게 생각하니까 내가 누구인지 제대로 알고 죽는 사람이 거의 없을 것 같다. 내가 누구인지 잘 모르고 남이 누구인지는 더더욱 모르는 세상! 그저 겸손해질 뿐이다.

자, 그러면 직장에서는 어떤 착각들이 벌어지는지 생각해보자.

첫째, 상사가 바뀌면 직장생활이 편해질 거라는 착각

분명히 착각이다. 마음에 드는 상사, 마음에 들지 않는 상사가 따로 있는 것이 아니다. 권위적이라고 생각했던 상사도 알고 보면 부드러운 면이 있을 수 있다. 부드러운 리더십의 상사가 알고 보니 승진에 눈이 멀어 뇌물을 청탁한 사실을 알게 되기도 한다. 고집불통의 상사가 회사를 떠나면 이번에는 더 이상한 상사가 낙하산으로 들어올 수도 있다. 따라서 상사를 굳이 어떤 부류로 판정해서 고정관념을 가지고 바라볼 필요는 없다. 어차피 상사도 나와 같은 배를 탄 팀원이라고 생각하자.

둘째, 자신의 유머가 재미있다고 굳게 믿는 직원의 착각

우리는 가끔 썰렁한 유머를 계속해서 뿜어내는 직원들을 본다. 분명히 객관적으로 보면 실패한 유머인데 부끄러운 줄도 모르고 계속한다. 왜 그런지 이유는 잘 모른다. 부끄러움을 인지하는 뇌세포가 잘못된 건지 아니면 그냥 고집이 센 것인지….

셋째, 나는 좋은 상사라는 착각

내가 좋은 상사인지 아닌지는 본인이 판단하는 것이 아니다. 자신의 상사와 부하직원들이 객관적으로 판단해야 한다. 나도 이런 착각을 한 적이 있다. 이를 객관적으로 확인하기 위해서는 설문조사를 하는 것이 제일 좋다. 설문조사가 현실적으로 어렵다면 우선 자신의 상사에게 솔직한 피드백을 받고, 부하직원에게도 면담을 통해서 냉철하게 평가받는 것이 좋다. 그리고 그런 평가를 있는 그대로 인정하고 개선해야 한다. 이것이야말로 진정한 자기계발이다.

넷째, 내가 없으면 회사가 안 돌아갈 것 같다는 착각

이것도 큰 착각 중의 하나다. 나의 경우 일이 많고 지쳐 있을 때 이런 생각을 하게 되는 것 같다. 너무나 많은 업무를 하다 보니, 내가 이 일을 멈추면 마치 회사도 멈출 것 같다는 착각을 하는 것이다. 그럴 때일수록 한숨 한 번 돌리고 업무에 집중해야 한다. 한 회사의 사장이 어느 날 갑자기 출근하지 않아도 회사는 큰 문제 없이 잘 돌아가는 경우가 대부분이다.

다섯째, 야근이 많으면 남들이 일 잘하는 사람으로 볼 것이라는 착각

이것 역시 네 번째 착각과 비슷한 이유로 생긴다. 일이 금방 끝나지 않으면 근무시간이라도 늘여서 안도하려는 심리가 있다. 업무는 시간의 양도 중요하지만 얼마나 집중해서 일하느냐가 더 중요하다. 아무리 업무가 쌓여 있어도 정규 근무시간에 반드시 끝내겠다는 마음가짐이 있어야 야근을 줄일 수 있다. 그리고 야근을 꼭 해야 하는 상황이 발생해도 자꾸 늘어지게 업무를 하면 안 된다. 양이 많아도 1시간 안에 윤곽을 다 잡고, 차라리 아침 일찍 출근해서 마무리하는 것이 좋다.

여섯째, 내가 능력보다 대우를 못 받고 있다는 착각

대부분의 직장인이 연봉 인상은 더딘데 지출해야 하는 돈은 훨씬 더 많다고 느낀다. 그래서 더 열심히 일하지만, 여전히 일한 만큼 대우를 못 받고 있다고 생각하고 있다. 이럴 때는 한탄만 하고 있을 것이 아니라 자신의 포지셔닝을 처음부터 다시 한번 검토해야 한다. 나의 능력을 객관적인 기준으로 냉정하게 판단해보면, 시장에서 판단하는 본인의 가치와 차이가 크지 않을 것이다. 인사부를 찾아가서 솔직하게 상담해보는 것도 좋다.

본인이 현재 적성에 맞는 일을 하고 있는지, 다른 부서로 옮겨 볼 필요가 있는지, 아니면 회사를 바꿔야 하는 문제인지도 검토해보자. 대우를 못 받고 있다는 불평만 해서는 아무 변화도 발생하지 않을 것이다.

일곱째, 'NO'라고 얘기하면 혼난다는 착각

보통 상사가 업무 지시를 하면 웬만하면 'YES'라고 얘기하는 것이 좋다. 하지만 'NO'라고 얘기해야만 하는 상황임에도 말을 못 하는 경우가 많다. 'NO'를 'YES'라고 얘기하고 뒷수습 못하는 것이 더 나쁘다. 그것은 상사에게도, 관련된 직원들에게도 더 큰 피해를 주는 것이다. 상사가 진실로 원하는 대답은 이런 것이다.

'NO이지만 대안으로 이렇게 제안드립니다.'
'내일까지는 안 되고 이번 주 금요일까지 완성해보겠습니다.'
'그렇게 하면 이런 위험 요소와 장애물이 있어서, 저렇게 변경했으면 좋겠습니다.'
'이 업무는 일부 다른 부서의 도움을 받아야 합니다. 팀장님께서 도와주십시오!'

이런 대답은 오히려 상사를 도와주는 것이다. 다른 제안을 한다는 것은 그래도 문제 해결의 의지가 있다는 것이다. 정 안 되면 상사가 다른 사람에게 지시할 것이다. 제일 안 좋은 것은 얘기를 안 하고 있다가 마감 전에 정말 당황스럽게 안 된다고 하는 것이다. 이러면 승진은 꿈도 꾸지 말아야 한다.

이외에도 인지를 못하는 착각이 많다. 나쁜 착각을 잘 골라내서 잘 개선하면, 직장생활이 훨씬 즐거울 것이다. 착각을 인식하는 것 자체만으로도 위기에서 벗어날 수 있다.

마음에 들지 않는
상사는 없다

가끔 마음에 드는 상사는 있다. 군대 고참 중에도 드물게 마음에 드는 사람이 있다. 그러나 모든 상사나 고참이 마음에 든다고 얘기할 수 있는 사람은 없다. 그런 사람은 거의 깨달음에 이른 사람이다.

'마음에 들지 않는 세상이 없다.'

〈마음으로 읽는 채근담〉*에 나오는 한 문장이다. 풀이는 다음과 같다.

_____

* 『마음으로 읽는 채근담』, 홍자성, 김선옥 역, 레몬북스, 2017

'고요함을 즐기는 사람은 흰 구름이나 그윽한 바위만 보아도 오묘한 섭리를 깨닫고 영화를 좇는 사람은 맑은 노래와 묘한 춤을 보며 권태로움을 잊는다. 오직 스스로 깨달은 선비는 시끄러움과 고요함이 없으며 번성과 쇠퇴함이 없어 가는 곳마다 마음에 들지 않는 세상이 없다.'

채근담에서도 '가는 곳마다 마음에 들지 않는 세상이 없으려면' 오직 스스로 깨달아야 한다고 설명한다. 스스로 깨달음의 경지에 이른 직장인이 얼마나 있는지 잘 모르겠지만 아마 그런 사람은 회사에 취직하지 않을 것이다.

하지만 깨닫지 못한 사람도 깨달은 상태에 근접할 수 있다고 생각한다. 정도의 차이일 뿐이지 갈고 닦으면 근접할 수 있다. 우리가 좋아하는 위인을 본받고 배우다 보면 닮아가는 것과 같다. 직장생활에서도 일상생활에서도 이와 비슷한 적용을 할 수 있다. 조금만 갈고 닦으면 된다. 웬만하면 상사가 마음에 들고, 웬만하면 부모님을 좋아하고, 웬만하면 감독님과 코드가 맞을 수 있다.

정답은 마음이다. 마음이라는 것을 깊이 이해하여 받아들이고 일상에서 수련하면 마음에 들지 않는 상사도 마음에 들 수 있다.

일단 마음의 중요함을 증명하는 몇 가지 예를 들어보겠다.

- 같은 곳에서 같은 음악이 나오는데 어떤 사람은 즐거운 노래라 하고 어떤 사람은 시끄럽다 한다.

- 컵에 물이 반쯤 차 있는데 누군가는 반밖에 없다 하고 누군가는 곧 가득 찰 거라 한다.

- 1시간 동안 차를 몰고 퇴근했는데 어떤 직장인은 운전까지 해서 피곤하다 하고 다른 직장인은 집에 오니 피로가 다 풀린다 한다.

- 보고서 마감일이 3일 남았는데 김 부장은 3일밖에 안 남았다 하고 이 부장은 3일이나 남았다 한다.

- 사랑하는 연인들에게는 마른 잡초도 아름답지만, 실연을 당한 사람은 장미꽃을 봐도 가시만 보인다.

이것들은 마치 동전의 양면과 같은데 한쪽 면만 보고 반대 면을 보지 못하는 것과 같다. 종이 한 장 차이 같지만 실제로는 책 한 권 이상의 차이다. 왜 이런 차이가 발생할까?

그것은 바로 자신이 변할 생각은 안 하고, 상황이나 세상이 먼저 나아지기만 바라는 간사한 마음 때문이다. 안 되는 이유를 먼저 이야기하는 사람, 부정적 효과를 먼저 말하는 사람, 최악의 경우를 먼저 예로 드는 사람, 기쁜 상황에서 기뻐하지 않는 사람, 감사함을 표현하지 않는 사람은 스스로 간사한 마음의 노예가 되어간다는 것이다. 남이 먼저 해주길 바라는 직원, 상황을 탓하는 직원, 상사를 탓하는 직원, 협력업체만 탓하는 직원도 마찬가지다.

마음은 미꾸라지 같아서 잡으려 하면 달아나고 잡은 듯해도 빠져나간다. 평온한 마음이 갑자기 질투로 변했다가 걱정으로 모습을 바꾸기도 한다. 지루한 마음이 흥분으로 변했다가 이내 모두 잊어버리기도 한다. 내 마음도 내가 모르는 것이 마음이다.

그러면 이런 마음 상태를 어떻게 바꿀 수 있을까? 아마도 도를 닦아야 하지 않을까 싶다. 산에 들어가서 명상을 하든가 매일 새벽 108배를 하든가 아니면 천일기도를 할 수도 있다. 하지만 생업을 희생하지 않고 도를 닦는 방법도 있을 것이다. 산에 들어간다 해서 미꾸라지 같은 마음이 갑자기 차분하게 변하지 않는다. 명상할 때도 마음은 늘 널뛰기를 한다. 차라리 생활 속에서 할 수 있는 수련법을 찾는 것이 낫다. 내가 간단하게, 그리고 자주 사용하는 수련법을 소개하고 싶다. 바로 다음의 문장을 되뇌는 것이다.

'Your Transformation Is Going To Transform Everything In The World!'

이는 오쇼 라즈니쉬의 비디오 강의 중 등장하는 말이다. 오쇼가 쓴 책을 찾아보았으나 지금까지 정확히 일치하는 문장을 찾을 수 없었다. 굳이 해석을 하자면 이렇다.

'자신이 진정으로 변하면 세상 모든 것이 전혀 달라 보인다.'

사실 나는 한글로 해석하지 않고 영어 문장 그대로 이해하고 마음수련에 사용한다. 마음이 흔들릴 때, 부정적인 생각이 들 때, 마음에 들지 않는 상사를 대할 때, 어려운 상황에 있을 때 이 문장을 기억하고 곱씹었다. 미팅하다가 열 받을 때, 화내고 나서 후회할 때도 다시 한번 이 문장을 떠올려본다. 운전하다 갑자기 생각이 나기도 하고 쇼핑을 하는 중에도 떠오른다. 한동안 잊어버리고 있었는데 문장이 나에게 갑자기 나타나기도 한다. 이 문장을 되새기면 부정이 긍정으로 변하고, 남의 잘못에도 나를 스스로 먼저 돌아보게 하고, 우울한 날에도 기분 좋게 다시 일할 수 있게 이끌어준다. 적어도 나한테는 좋은 영감을 주는 말이다. 이 선물 같은 문장을 알려준 오쇼에게 감사한다.

'Change'는 단순한 변화, 변경을 뜻한다. 'Transformation'은 완전한 변화, 탈바꿈을 의미한다. 'Everything In The World'는 객관적으로 변화하기 어려운 것, 또는 통제할 수 없는 상태를 의미한다. 따라서 'Your Transformation'이 중요한 것이다. 대부분은 본인이 먼저 탈바꿈을 하거나 항상 긍정적인 마음을 유지한다면, 세상 모든 것이 전혀 달라 보일 것이다. 남을 먼저 탓하거나 상황을 핑계 삼는다면,

그 화는 결국 본인에게 돌아오기 때문이다.

'마음결'이라는 우리말이 있다. 외국어로 번역하기에는 그 미묘함을 다 표현하지 못할 것 같다. 위에서 설명한 나의 수련법은 결국 마음결을 잘 가꾸는 일이라고 느낀다. 긍정적인 사람은 마음결이 곱게 보인다. 부정적인 사람은 마음결이 거칠어 보인다. 우리가 머릿결을 관리하듯 마음결을 잘 가꾼다면 세상이 더 환히 빛나지 않을까?

마음에 들지 않는 회사는 없다!

마음에 들지 않는 상사는 없다!

마음에 들지 않는 부하는 없다!

이렇게까지는 안 되더라도 긍정적인 상태가 깨어 있는 시간의 반 이상만 되어도 대성공이다. 그러면 주변 사람들이 점점 당신의 마음에 들기 시작할 것이다. 주변 사람들도 당신을 마음에 들어 할 것이다.

직장에서 스트레스를 받을 때마다 오쇼의 문장을 주문처럼 외워보자. 출근할 때, 회의할 때, 고객과 협상할 때, 집에 있을 때, 모임에 갔을 때, 언제든 어디서든 좋다. 시나브로 탈바꿈할 수 있다.

'Your Transformation Is Going To Transform Everything In The World!'

어려운 일을
먼저 자청할 용기

인생은 끝도 없는 배움의 연속이다. 직업이나 나이에 상관없이, 살고 있는 장소에 제한 없이 세상은 공평하게 주어진 거대한 배움터이다. 잘난 사람이 주는 가르침도 있고 못난 사람에게도 배울 점도 있다. 직장에서는 상사에게 배우기도 하고 부하직원을 보고 무언가를 깨닫기도 한다.

나는 해외전략회의나 워크숍에서 만나는 글로벌 리더들의 성공 스토리를 들어보고 많이 배우려고 애를 써왔다. 그 결과 그들에게는 한 가지 공통점이 있다는 것을 발견했는데, 그들의 경력 어딘가에는 항상 힘들고 쓰라린 시기가 있었다는 것이다.

아프리카 같은 오지에서 가족과 떨어져 오랫동안 근무한 분도 만났고, 부도가 난 건설 프로젝트를 맡아 다시 성공시킨 분의 얘기도 들었다. 임원으로 근무하다 현장 영업사원으로 변신했다가 다시 CEO가 된 경우도 보았다. 어려웠던 시절을 회상하는 그들의 모습을 가만히 보고 있자면 항상 입가에 미소가 번져 있음을 알 수 있었다. 마치 그 시절이 자신의 성공 DNA를 만들어주었고 돌이켜보면 그때가 즐거웠다고 생각하는 것 같다.

내게도 비슷한 경험이 몇 번 있었다. 국내 대기업 신사업부에서 근무할 때 인도 프로젝트를 맡으면서 겪었던 일이 생각난다.

인도에 '릴라이언스(Reliance)'라는 회사가 있는데, 한국으로 치면 삼성 같은 업체라고 할 수 있다. 이 회사가 통신 사업을 확장하면서 통신기지국에 필요한 비상용 배터리를 공급하는 프로젝트를 진행했다.

인도는 교통 등의 인프라가 부족하다. 그리고 대도시에서도 정전이 자주 발생한다. 직항 항공편이 적은 데다가 도착하면 이미 새벽시간일 때가 부지기수였다. 한번은 공항에 새벽 2시쯤에 도착했는데, 정전이 발생하여 수화물 시스템이 멈춰 섰다. 짐 찾는 데만 3시간을 기다려야 했고, 그대로 밤을 새우고 새벽 6시에 호텔 체크인을 한 것이다. 도로로 나서면 롤러코스터를 타듯이 운전을 험하게 하고, 백미러 없이 운행하는 차도 많았다.

다음 날 업체와 통신기지국 관련 회의를 아침 10시쯤에 예약했는데, 업체 관계자는 마냥 기다리라는 것이다. 참석이 예정된 결정권자가 미팅이 너무 많아서 그런 것이라 했다. 기다리고 기다리다 결국 밤 11시가 되어서야 회의가 시작되었지만 15분 만에 종료가 되었다. 비즈니스 에티켓이 부족하고 자료도 부풀리는 등의 과장이 많았다.

그 다음 날은 통신기지국 현장에서 배터리 테스트가 예정되어 있었다. 동행한 엔지니어 중 한 명이 음식을 잘못 먹는 바람에 배탈이 심하게 나서 호텔에서 쉬도록 하고 나머지 엔지니어들과 현장으로 가서 테스트 준비를 하는데, 실외 온도가 무려 섭씨 45도였다. 게다가 샘플 작업을 위해 통신 타워 안쪽으로 들어가야 했는데, 그 안의 온도는 아마 섭씨 50도는 넘었던 것 같다. 결국 한 명은 배탈, 한 명은 탈진해서 한국으로 돌려보내야 했다.

이런 식의 예측 불능, 좌충우돌의 하루하루가 지나고 1년 정도의 시간을 보냈다. 마치 긴 터널을 지나온 것 같았다. 그리고 이제 또 다른 터널이 나를 기다리고 있었다. 그런데 신기하게도 인도에서 어려운 경험을 하고 나니 오히려 나의 에너지가 올라간 기분이었고 다른 프로젝트들이 비교적 쉽다고 느꼈다.

몸소 익혀서 배워야 하는 회사 업무는, 고급스럽고 화려한 일보다 어렵고 골칫거리인 일들이 더 좋은 선생님이 된다. 어려운 업무를 수행했을 때 나타나는 효과를 정리해보았다.

- □ 다른 사람이 못한 일을 해봐야 대체하기 어려운 직원이 된다.
- □ 남들이 꺼리는 일을 하면 상사의 마음을 움직일 수 있다.
- □ 나만의 브랜딩이 된다. 저 친구 하면 인도!
- □ 이런 껄끄러운 일을 기꺼이 하면 실패해도 뭐라고 하지 않는다. 실패해도 성공한 것이다.
- □ 이런 경험은 자신의 자산으로 오랫동안 남는다.

힘든 경험을 진정으로 하고 나면 생각의 크기가 달라진다. 고정관념을 깰 수 있고 일반적인 것에 대해서 다시 한번 생각하게 된다. 쓰라린 경험이 있어야 즐거운 경험도 더 진하게 느낄 수 있다. 누구나 할 수 있는 일만 하면 차별화가 되지 않는다.

직장에서 근무하다 보면 이런 이슈, 불만, 사고 등의 골칫거리 업무를 쉽게 찾아볼 수 있다. 이럴 때는 뻔히 힘들 줄 알면서도 뛰어들 용기가 필요하다. 용기도 내봐야 는다. 시내 주행을 해봐야 운전 실력이 느는 것처럼, 용기도 시도해보아야 커진다. 시도하지 않으면 사용하지 않은 근육처럼 굳어버린다. 자신이라는 안일함과 타협하면 아무 일도 일어나지 않는다.

마태복음 7장 13~14절에 이런 구절이 있다.

'너희는 좁은 문으로 들어가라. 멸망으로 이끄는 문은 넓고 길도 널찍하여 그리로 들어가는 자들이 많다. 생명으로 이끄는 문은 얼마나 좁고 또 그 길은 얼마나 비좁은지, 그리로 찾아드는 이들이 적다.'

생명으로 인도하는 문이 좁고 힘든 것처럼, 성공으로 인도하는 문도 좁고 어렵다. 많은 사람이 선택하지 않으려 한다. 그래도 문이 닫혀 있지는 않다. 좁을 뿐이다. 열려 있는 좁은 길과 좁은 문으로 과감하게 갈 용기만 있다면, 성공의 문이 갑자기 열릴 것이다.

5

성공하는
직장인의 대화법

대화는 협상처럼,
협상은 대화하듯

"고객과의 대화는 협상처럼 해라!"

　내가 영업부서에서 근무할 때 영업 선배가 나에게 영업 비법을 전수하면서 한 말이다. 그 선배는 실제로 고객뿐 아니라 직원들과 대화할 때, 영업소장과 대화할 때까지 협상하듯이 얘기했다. 동료 직원들과 술자리에서도 여전히 협상을 주도하듯이 얘기를 했다. 누구 봐도 시원시원한 영업맨이었고, 실적도 아주 좋았다.

　일반적으로 대화는 협상보다 범위가 넓은 의미를 가지고 있다. 하지만 직장생활에서 대화는 협상에 가까운 경우가 더 많다. 나의 경험으로는 대화와 협상을 넘나드는 기술을 익힌다면 사회생활에

도움이 많이 된다고 생각했다. 상황에 따라 대화와 협상의 교집합에 머무르면 좋은 결과를 볼 수 있다. 나도 그 선배의 가르침대로 협상하는 듯한 대화를 많이 시도해보았는데, 나에게는 잘 맞지 않는 것 같았다. 그 선배에게 이렇게 말해주고 싶다.

"협상은 대화하듯 하시죠!"

대화는 상황과 형태에 따라 많은 종류가 있다. 직장 내의 생활로 한정해서 살펴보겠다. 일반적으로는 가볍게 나누는 잡담, 담소 등의 대화, 공식적으로는 대담, 회견, 면접, 각종 회의 등이 있다. 이를 대화의 방식으로 생각해보면 얼굴을 맞대고 하는 경우, 전화로 하는 경우, 화상으로 하는 경우가 있다. 이메일이나 메신저를 사용하는 것도 대화로 볼 수 있다. 여기에 대화에 참석하는 사람을 고려하면 경우의 수는 바둑의 수만큼 많을지도 모른다.

사무실 밖으로 나가서 하는 고객과의 미팅, 회사 워크숍, 세미나 등을 포함한다면 직장인들은 직장 안팎에서 항상 대화를 해야 하는 상황에 놓여 있다. 대화만 잘해도 직장생활이 한 단계 높은 수준으로 올라간다. 반대로 대화를 피하고 소극적으로 한다면 매일매일이 힘든 하루가 될 것이다.

대화와 협상을 약간 다른 측면에서 살펴보자. 위에서 설명한 대화의 종류나 방법에 상관없이 어떤 대화든 강도와 속도가 있다. 같은 대화라도 목적을 가지고 강하게 밀어붙이면 협상에 가까운 강한 대화가 된다. 같은 협상이라도 결론을 미루고 부드럽게 진행하면, 부담 없는 대화처럼 된다. 대화와 협상의 속도 또한 중요하다. 천천히 길게 진행해야 좋은 대화가 있고 빨리 마무리하는 게 좋은 협상이 있다. 반대의 경우도 마찬가지다. 이런 강약 조절과 속도 조절로 직장에서 대화의 품질을 높일 수 있다.

박 대리가 부서장과 1 대 1 면담 일정이 있다고 하자. 박 대리는 정기적인 점검 수준의 대화를 예상하고 면담을 시작했는데, 부서장은 어째선지 박 대리의 부서이동에 대해서 얘기를 시작하는 것이다. 그리고 이번 주말까지 영업부서로 이동할지 말지를 결정해서 알려 달라고 한다.

이런 경우 부서장 입장에서는 애초부터 협상을 한 것이다. 따라서 박 대리는 당황하지 말고 협상의 강도와 속도를 조절하는 방향으로 대화를 해야 한다. 박 대리 입장에서는 상황 파악을 위한 시간을 벌기 위해 부서장에게 질문을 많이 하는 것이 좋고, 결정해야 할 날짜를 뒤로 미뤄달라고 요청해야 한다.

이처럼 상황에 따라 대화와 협상 사이에서 조절을 잘하면 좋은 소통이 가능하다.

다음은 성공적인 대화와 협상을 준비하고 진행하는 순서와 필요한 요소를 설명한 것이다.

잡담에서부터 공식적인 대화와 협상까지 적용할 수 있다. 작은 대화라도 이런 준비를 한다면 효과적인 결론이 도출된다. 당연하고 상식적인 것 같지만 이런 요소들이 빠져 있어서 손해보는 대화가 의외로 많다.

첫째, 목적을 명확하고 구체적으로 설정한다.

어떤 대화든 목적이 분명하지 않거나 구체성이 떨어지면 시간과 에너지만 허비하게 된다. 나는 사용할 예산에 대해서 대화를 시작했는데, 상대방은 사용한 예산에 대한 검토만을 목적으로 알고 있다면 비효율적인 대화가 된다. 목적이 명확해야 참석자도 준비를 제대로 할 수 있고 결론에 도달하기도 쉽다. 목적이 무엇인지 모르고 시작하면 준비된 상대방에게 이끌려 가게 된다. 대화의 목적이 불분명하다면 미리 물어보거나 대화 중에 질문을 통해서라도 구체적으로 확인하는 것이 좋다.

둘째, 상황에 따라 아젠다 및 참석자를 조절한다.

목적이 구체화되면 아젠다를 잘 디자인해야 한다. 아젠다는 대화 및 회의를 하는 순서를 의미한다. 비공식적인 대화에서는 목적만 명확해도 아젠다 없이 진행이 가능하다. 하지만 공식적인 회의나 협상에서는 잘못된 아젠다 때문에 의도한바와 달리 대화가 흐른다. 좋은 아젠다는 복잡하고 어려운 주제도 원하는 방향으로 쉽게 이끌어 간다.

목적에 따른 참석자의 선택도 중요하다. 의사 결정이 필요한 주제라면 부서장 이상의 참석자가 필요하다. 자료 검토 및 분석을 목적으로 한다면 쓸데없이 임원급 이상의 참석자가 필요 없다. 그리고 어떤 부서가 회의에 필요한지도 잘 고민하고 선택해야 한다.

셋째, 관련 정보 및 숨은 의도를 파악하고 대응할 논리를 준비한다.

직장에서는 결국 논리적인 사고, 논리적인 자료, 논리적인 발표가 필요하다. 시나 소설에 대해서 얘기할 일은 거의 없기 때문이다. 논리를 위해서 좋은 정보가 필요하고 상대방의 숨은 의도도 파악해야 한다. 비논리적인 자료나 숫자 때문에 회의가 길어지거나 다음 회의를 잡아야 하는 경우가 많았다. 강한 논리와 자료가 있는 직원은 본인이 원하는 방향으로 결론을 도출할 수 있다.

넷째, 최적의 제안으로 결론을 낸다.

모든 대화는 시작보다는 끝이 중요하다. 준비가 안 된 대화도 끝을 잘 맺으면 마치 준비를 잘 한 것처럼 보인다. 최적의 제안으로

멋진 결론에 도달할 수 있다. 논쟁이 뜨거웠던 주제에 대해서 번뜩이는 아이디어와 상쾌한 결론으로 끝나는 회의가 있다. 반면에 자료는 많고 준비도 오랫동안 했는데 핵심 문제에 대한 해결책이 없이 끝나는 경우도 있다. 상대방과 내가 서로 이득이 되는 제안을 생각해내기는 쉽지 않다. 하지만 언제나 최적의 제안은 있다. 찾아내지 못했을 뿐이다.

내가 오바마 전대통령을 1분 동안 만날 기회가 있다면, 이렇게 나를
소개하고 싶다.

"나는 한국에서 전동공구로 더 좋은 세상을 만들기 위해 일하는
사람입니다."

단 하나의 질문을 허락한다면, 다음과 같이 할 것이다.

"당신은 대통령직을 사랑하십니까?"

위의 두 문장만으로도 1분간 대화는 금방 흘러갈 것이다. 오마바
의 뇌리 속에 내가 조금이라도 남아 있다면 성공한 것이다. 나를 소개

하는 문장은 장소, 방법, 목적을 구체적으로 표현하고 있다. 다음 대화를 이어갈 여지를 남기면서, 간결하게 자기소개를 했다. 질문은 더 간단하지만 상대의 감성을 자극하고 의미를 전달하는 힘이 느껴진다.

당신이 지금 다니는 회사의 사장님을 1 대 1로 만난다면 어떤 말을 하겠는가?

회사의 규모나 업종에 따라 천차만별이겠지만, 일반 직원이 사장님과 1 대 1로 보낼 수 있는 시간은 상당히 짧다. 분초를 다투는 사장님의 스케줄을 생각해보라! 늘어지고 지루한 대화는 사장님을 귀찮게 할 뿐이다.

앞서 오바마와 1분의 만남을 가정했다. 1분이라는 시간도 철저히 준비하지 않으면 어색하게 흘러간다. 1분의 시간도 쪼개서 준비해야 한다. 사장님과 30초의 시간이 주어진다고 가정하고 연습하자!

30초는 이런 경우에 발생한다.

- 엘리베이터에서 우연히 사장님과 단둘이 있게 되는 경우
- 행사 진행할 때 사장님에게 길 안내를 하는 경우
- 직원 결혼식에서 접시를 들고 뷔페 음식을 고르다 사장님을 만나는 경우

공식적인 면담이 아닌 돌발 상황에 가깝다. 당황하지 않고 순간

의 분위기를 리드한다면 사장님 기억에 남을 것이다. 30초가 아니라 10초 정도에 상황 종료가 되기도 한다.

30초도 짧은 시간이 아니다. 밀도 있게 쓰면 많은 것을 얻을 수 있다. 당신이 벤처기업을 창업하고 개발한 소프트웨어가 있다고 가정하자. 애플 최고경영자 팀 쿡(Tim Cook)이 출근하는 차에서 내릴 때, 30초 동안 대화를 나눌 기회를 잡았다. 어떤 말을 해서 팀쿡을 설득하고 소프트웨어를 팔겠는가?

30초를 살아도 다이아몬드 같은 인생으로 남을 수 있다. 30년을 살아도 먼지 같은 존재로 남기도 한다. 팀 쿡과 30초 협상으로 소프트웨어를 애플에 판다면, 당신의 벤처기업은 다이아몬드처럼 빛이 날 것이다.

사장님과 30초 대화는 이렇게 해보자.

첫째, 나를 한 문장으로 농도 있게 소개하라.

말은 쉬운데 실제로 해보면 아주 어렵다. 한 번 쓰고 고치고, 지우고 다시 쓰고 몇 일 동안 고민해야 마음에 드는 문장을 완성할 것이다. 한 문장으로 압축이 불가능한 것은 없다. 50년 직장인 인생, 70년 예술가의 삶, 3일 세미나 내용도 한마디로 요약할 수 있다. 책도 한 문장으로 설명할 수 있다.

칼 세이건의 〈코스모스〉는 700여 페이지에 달하는 책이다. 문장의 호흡도 길어서 보통 책 세 권 정도의 분량이다. 지인에게 이 책을 이렇게 소개하고 싶다.

"우주와 인생을 글로 연결시킨 책입니다."

정곡을 찌르는 동시에 읽고 싶은 충동을 불러일으킨다. 자기소개도 이렇게 할 수 있다면 누구를 만나도 긍정적인 시작이 가능하다. 촌철살인(寸鐵殺人) 한 문장 소개를 평소에 준비해두자. 자신이 없고 늘어지는 소개는 하지 않는 것이 좋다. 평소에 사장님과 알고 지내서 자기소개가 필요 없다면 다른 대화로 시작하면 된다.

둘째, 감사와 칭찬의 말을 먼저 하라.

질문부터 시작하면 자칫 어색한 상황이 발생한다. 기자가 다짜고짜 정치인에게 대답하기 어려운 질문을 하는 모습처럼 연출될 수 있다. 시작은 항상 긍정적으로 해야 한다.

어떤 상황에서든 감사와 칭찬의 말은 미소를 불러온다. 회사 관련 프로젝트, 이벤트, 회의 등에서 사장님이 하신 말씀이나 성과에 대해서 짧게 얘기하면 좋다. 너무 과한 표현을 자제하고 진심을 담아서 얘기하면 문제없다. 자연스러운 표정과 몸짓이 중요하다.

"안녕하세요, 사장님! 지난주 회의에서 10년 비전 설명하실 때 정말 감명 받았습니다. 감사합니다!"

"아! 사장님, 오늘 인터뷰 기사 봤습니다. 답변도 멋지게 하시고 사진도 잘 나오셨더라고요~"

"사장님! 지난달에 직원 복지 예산 추가해주셔서 고맙습니다. 잘 쓰겠습니다."

칭찬받는 것을 싫어하는 사장은 없다. 감사와 칭찬의 말은 다음 대화를 즐겁게 만든다. 회사에 문제와 이슈가 많더라도 일단 좋은 것부터 얘기하자. 긍정마인드를 가지고 있어야 좋은 것이 좋은 것으로 보인다.

셋째, 질문 꾸러미를 준비해둬라.

사장님과 1 대 1로 직면한 순간에 어떤 질문을 하는 것이 좋은지는, 상황이 닥쳐봐야 안다. 평소에 몇 가지 하고 싶었던 질문을 준비해두어야 꾸러미에서 꺼내 쓸 수 있다.

- □ 사장님의 직장 경력과 인생에 대한 질문
- □ 그냥 궁금한 질문보다는 조언을 구하는 질문
- □ 공식적으로 알고 있는 사생활에 대한 질문

위와 같은 부류의 질문을 준비해서 사장님과 둘이 있을 때 활용하자. 업무 관련 질문은 회의시간에 할 수 있으므로 피하는 것이 좋다. 사장님과 회사의 성공에 관심을 갖고 지켜보고 있다는 것을 느끼게 하는 질문이 좋다.

"사장님! 저의 꿈도 사장이 되는 것인데 승진 빨리 하는 비법 하나만 알려주세요."

"제가 아직도 영어 때문에 고생하는데 사장님의 영어 공부 비결이 있으신가요?"

"아드님이 중학교에 입학한 것으로 알고 있는데 평소 가정교육은 어떻게 하십니까?"

상사와의
대화법

'사장님과 대화보다 상사와 하는 대화가 더 중요하다.'

임원들에게는 사장님과 대화가 중요하다. 하지만 신입사원부터 중간매니저 정도까지는 상사와의 대화가 더 중요하다. 빈도나 깊이 등을 감안할 때, 상사와 대화를 하지 않으면 업무 진행이 어렵다. 상사와 대화가 잘못된 길로 들어서거나 꼬이기 시작하면, 매일매일 지옥 같은 시간이 될 수도 있다. 상사와 대화가 경쾌하고 명료하면 출근길이 매일 즐거울 것이다.

즐거운 출근길, 가벼운 퇴근길을 위한 상사와의 대화법을 풀어보겠다. 상사와의 대화법을 부하직원과 대화할 때 사용해도 쓸모가 있다.

첫째, 시작하는 말과 마음가짐이 제일 중요하다.

사회자의 오프닝 멘트가 중요하듯, 첫 소식을 전하는 뉴스 앵커의 말이 중요하듯, 상사와 대화도 첫마디 말이 중요하다. 글을 쓸 때 첫 문장 쓰기가 어렵지만, 좋은 첫 문장은 글 전체에 긍정적인 영향을 미치는 것과 같다.

"저기…"하고 머리를 긁적이며 불쑥 상사의 방으로 들어와서 자기가 하고 싶은 얘기를 시작한다고 생각해보자. 상사는 꼬집어서 지적하지 않겠지만 일단 방해받은 느낌을 지울 수 없을 것이다. 하지만 "부장님! 지금 시간 괜찮으십니까? 10분 정도 신제품 재고 관련해서 상의드리고 싶습니다"라고 시작한다면, 상사는 하던 일도 멈추고 흔쾌히 시간을 내줄 것이다. 목적과 주제, 필요한 시간이 한 문장에 다 들어 있기 때문이다. 이 말을 하는 데는 겨우 5초 정도밖에 걸리지 않는다. 이런 간결하고 힘 있게 시작하는 말은 거절하기도 쉽고 수락하기도 쉽다.

이와 함께 대화를 시작하는 마음가짐도 첫마디 말처럼 영향력이 크다. 상사를 향한 마음가짐이 표정과 말투에 다 드러나기 때문이다. 부정적인 마음은 이상하리만치 알아채기도 쉽다. 앞서 4장에서 설명한 것처럼 '마음에 들지 않는 상사는 없다'라고 생각하고, 긍정적으로 몸과 마음을 다스려야 한다. 다른 더 좋은 방법이 없다.

둘째, 말이 아닌 다른 형태의 언어도 연습해야 한다.

때로는 말보다 표정, 눈빛, 손짓, 몸짓 등이 정보와 생각을 전달할 때 더 도움이 된다. 말과 함께 표정을 더하면 의사 전달이 더 입체적으로 되고, 적당한 손짓을 더하면 정보가 더 쉽게 다가간다. 실제로 상사의 방에 들어가서 대화를 시작할 때, 손을 어디 두어야 하는지 당황하는 직원들을 많이 보았다. 회의 중에 발표를 할 때 손과 눈을 자연스럽게 하지 못하면, 설득력이 현저히 떨어진다.

이런 의사 전달 능력은 조금이라도 연습을 해야 개선할 수 있다. 단 5분이라도 시작하기 전에 짧게 리허설을 하면, 안 했을 때와 비교해서 2~3배 이상의 차이가 난다.

셋째, 말의 끝맺음을 자신 있고 힘 있게 해야 한다.

말의 시작만큼 끝맺음도 중요하다. 말끝을 흐리면 자신의 생각을 전달하기 어렵고 상사의 질문도 많아진다. "신제품 프로모션을 진행하기가…"라고 말을 제대로 끝내지 않으면, 자신감이 없어 보이고 무슨 의도를 갖고 있는지 믿음이 가지 않는다. "신제품 프로모션을 진행하기가 어려우니, 2주 뒤로 미루고 일단 기존 제품 재고 소진을 계획하겠습니다"라고 얘기하면, 상사도 자신의 의견을 얘기하기 쉽고 의사 결정도 신속히 할 수 있다.

넷째, 맞장구를 쳐야 대화가 쉽게 흘러간다.

상사가 얘기할 때 경청하고 기다리는 것이 좋다. 경청하면서 감탄사를 적절한 타이밍에 넣어주면 훨씬 좋다.

'아~ 네', '그렇죠…', '맞습니다!', '좋죠~', '당연하죠!' 이런 간결하고 단순한 말이 오히려 상사의 마음을 움직인다. 이는 마치 판소리를 할 때 추임새를 넣는 것과 같다.

'얼쑤~', '허이', '좋~ 다', '잘한다'와 같은 추임새라는 말엔 '위로 끌어 올리다'는 뜻이 있다. 실제로 상사의 말에 맞장구를 잘 치면, 상사를 칭찬하는 효과도 있다. 자칫 지루할 수 있는 대화에 재미를 더하고 기분을 좋게 할 수 있다. 판소리에서 청자와 관객 사이의 상호 교감이 추임새로 절정에 치닫듯이, 상사와 대화도 맞장구를 통해서 기승전결 조절이 가능하지 않을까?

다섯째, 대화의 매체를 잘 선택하자.

얼굴을 마주 보고 하는 대화 외에도 전화, 이메일, SNS 등을 통해서 보고를 대신할 수 있다. 상황에 따라 대면보고가 불가능하거나 비효율적이라고 판단되면 다른 방식을 택하는 것이 좋다.

사안의 긴급성이 높고 보고자가 원거리에 있는 경우에는 전화나 SNS가 효율적이다. 내용이 길고 복잡할 경우는 이메일이 좋다.

또한 상사의 취향에 따라 선호하는 보고 방식이 있으니 상사의 성향에 대한 이해가 있어야 한다.

여섯째, 감정이 격해지면 지는 대화다.

사람은 감정의 동물인지라 상사와 대화할 때도 감정의 변화가 생긴다. 나쁜 감정의 형태는 분노, 짜증, 버럭, 질투, 혐오 등으로 나타나는데, 이를 잘 조절할 줄 알아야 한다. 변화가 심한 감정에 자기 자신을 동일시하면 정상적인 대화가 불가능하다. 감정 조절이 힘들다 판단되면 차라리 대화를 잠시 멈추는 것이 낫다.

감정을 객관적으로 바라보면 마음이 좀 편해진다. 상사가 나의 의견을 거절하거나 잘못된 부분을 지적하면 오히려 긍정적으로 받아들인 뒤 다음 이야기를 질문하고 유도해야 한다. 거부당했다고 생각하고 감정을 실을 필요가 없다. 당신이 얘기하는 의견이 싫은 것이지, 당신이 싫은 것이 아니기 때문이다.

부하직원이 상사의 제안을 거절할 때도 마찬가지다. 상사가 기분 상하지 않게 긍정적인 대안을 제시하면서 거절해야 한다. 어떠한 상황에서도 긍정으로 유도할 수 있는 질문과 멘트를 준비해두면 좋다.

모든 걸 받아주고 감싸주고 공감하겠다는 마음가짐으로 대화에 임해야 한다. 반대 의견도 주고받아야 쌍방소통이 가능하기 때문이다. 감정을 끝까지 지켜보고 객관화하기 바란다.

일곱째, 모든 말과 글은 단순하고 명료하게 한다.

말을 너무 잘하려고 하면 길어지고 늘어진다. 상사와 대화를 할때 일단 요약부터 먼저 하고 시작하는 것이 좋다. 아무리 복잡한 사안이라도 몇 개의 문장으로 압축 가능하다. 결론부터 얘기하고 나면 다음 얘기가 쉽게 풀린다. 복잡한 단어, 어려운 한자어, 일반화되지 않은 영문약자 등도 피해야 한다. 쉽게 와 닿지 않는 용어는 쓸데 없는 질문을 유발하고, 대화를 원하지 않는 방향으로 끌고 간다.

사과도 거절도 변명도 짧게 해야 한다. 너무 오래 끌면 사족일 뿐이다. 축하도 칭찬도 간단하게 해야 한다. 질문도 간단하고 명확하게 해야 한다. 질문에 대한 질문을 하게 만들면, 실패한 질문이다. 상사가 원하는 것은 구체성, 논리성, 그리고 일관성이다. 만약 상사가 늘어지게 말하는 스타일이라면, 중간에 한번씩 한 문장으로 정리해주고 다시 대화를 전개하는 것이 좋다.

글도 마찬가지다. 너무 꾸미려고 하면 오히려 읽는 사람이 이해하기 어렵다. 업무 관련 글은 논리가 중요하기 때문에 단문 위주로 써야 한다. 이메일이나 파워포인트 작성을 할 때도 이 점을 유의해야 한다. 파워포인트의 경우 한 페이지에 한 가지 핵심 메세지를 전달하도록 노력해야 한다. 글자는 많고 복잡한데 요점이 없는 문서를 많이 보았다. 본인이 읽어보고 제3자의 입장에서 다시 검토하는 습관을 들여야 한다.

고객과의
협상법

'거래는 해당 당사자들에게 남는 것이 없다면 일어나지 않는다.'

벤자민 프랭클린의 말이다. 고객과 하는 대화는 기본적으로 거래를 목적으로 한다. 거래는 관련된 조건에 대해서 협상하는 데 많은 시간을 보낸다. 제품 가격, 대금 지급 조건, 납품 조건 등을 계약서에 넣지만, 구두상으로도 많은 추가 논의를 하게 된다.

당연히 남는 것이 있어야 거래가 일어난다. 그런데 더 중요한 것은 얼마나 더 남기느냐다. 이를 위해서 영업사원과 고객은 수없이 많은 눈치 작전과 논쟁을 벌이기도 한다. 최전방에서 싸우는 군인처럼 다투기도 하고 금새 다시 친해지기도 한다.

고객과의 대화 및 협상법에는 정답이 없다. 협상을 항상 해야 하는 것도 아니다. 일상적인 대화를 하다가 갑자기 심각한 거래 조건을 얘기해야 할 때도 있다. 같은 고객이라도 매번 다른 조건과 상황에 직면하기 때문에, 최대한의 순발력과 영업력을 발휘해야 한다.

그래도 어떤 상황에서든 공통적으로 활용할 수 있는 고객과의 협상법이 있다. 개인적인 경험을 바탕으로 다섯 가지 유용한 협상 가이드라인을 설명해보겠다.

첫째, 고객의 유형에 따라 다른 전략을 쓰자.

사상의학에 의하면 사람의 체질을 태양(太陽), 태음(太陰), 소양(少陽), 소음(少陰) 네 가지로 나눈다. 이 의학 이론을 그대로 고객의 유형에 적용할 수 없겠지만, 내 경험으로는 실제와 크게 차이가 나지 않는다.

다음과 같이 고객을 네 가지 유형으로 나누어보자. 유형에 따라 협상 방식을 달리하면 영업의 실마리가 쉽게 풀린다. 한의학에서 같은 병이라도 체질에 따라 치료법을 달리하는 것과 같다.

□ 독선적 타입

영업할 때 저돌적이고 불같은 성격의 고객을 여러 번 만나 보았다.
이런 타입은 어린아이 달래듯이 잘 받아주고 칭찬해주고 들어주기를 잘하면 좋다. 변덕스럽지만 불만이 있다는 것은 관심이 많다는 것이다. 영업 담당은 신속하게 핵심만 설명하고, 바로 행동으로 옮긴다는 생각으로 대화에 임해야 한다.

□ 느긋한 타입

너그럽고 예의가 바르고 사람도 좋아한다. 다만 거래를 하는데 너무 느긋하면 오히려 영업 담당이 힘든 상황이 발생하기 때문에, 결론으로 이끌고 가기 위해서 확실하게 말해야 한다. 너무 속도가 느려지면 밀어붙여야 한다.

□ 민첩한 타입

긍정적이고 활동적인 타입니다. 말과 행동이 빠르고 눈치도 빠르다. 이런 성격의 소유자는 커피숍이나 사무실 밖에서 미팅을 하는 것도 좋다. 맛있는 식사나 운동도 좋아한다. 저질러놓고 마무리가 안 되는 경우가 많아서 영업사원이 잘 챙겨야 한다.

□ 내성적 타입

작은 실수와 손해에도 민감하고 완벽주의를 추구한다. 의심이 많으므로 논리적으로 꼼꼼하게 잘 설명해야 하고, 자신감을 보여줘야 결정을 한다. 시기와 질투도 심하므로 항상 공정하게 행동해야 한다.

둘째, 상생하는 방향으로 항상 생각하라.

서로 남는 것이 없으면 거래가 이루어지지 않는 것처럼, 상생하는 방향으로 가지 않는 협상은 만족할 만한 결론에 이르기 힘들다. 고객은 작은 손해 하나에도 민감하기 때문에 세심한 부분도 챙기고, 동시에 넓은 파트너십도 형성해야 한다. 이를 위해서는 담당자의 요구사항도 잘 파악해야 하고, 고객의 회사 내부 사정도 알고 있어야 한다. 여기서 고객은 소비자가 아니고 회사(공급자) 대 회사(공급받는 자)로, 비즈니스를 하는 경우로 보겠다.

영업을 하는 사람은 고객 입장에서 고객의 회사가 더 성장하고 발전할 수 있도록 도와주어야 한다. 거래만 성사시키려고 달려들면 중·장기적으로는 실패하는 비즈니스가 된다. 상대 업체가 시장에서 처한 상황이 어떠한지, 관련 시장의 동향은 어떻게 흘러가는지, 경쟁사들의 최근 활동은 무엇인지 등을 파악하고 있어야 한다. 이 정보를 기준으로 업체 입장에서 전략을 제안하고 비용을 절감해준다면 전문가라는 소리를 들을 것이다. 이것이 바로 진정한 상생이다.

셋째, 엄살과 허세를 순발력 있게 받아쳐라.

영업사원과 고객이 거래 조건이나 이슈에 대해서 논쟁하는 것을 제3자의 입장에서 바라보면, 마치 그들이 연기하고 있다는 착각을 하게 된다. 영업사원이 고객의 요구에 엄살을 피우기도 하고, 고객은 그럴수록 더 허세를 부리기도 한다. 때로는 그 반대의 경우도 발생한다. 영업사원이 오히려 허세를 부리고 과장을 하기도 한다.

연기를 잘하면 실제로 거래 성사에도 도움이 된다. 너무 티가 나는 연기는 오히려 역효과가 나지만, 정말 자연스러운 연기는 고객이 속은 줄도 모르고 도장을 찍게 만든다. 순발력과 애드리브(Ad Lib)가 없으면 좋은 영업사원이 되기 어렵다. 여기에 긍정적인 마인드와 진정성을 더한다면 최고 수준의 영업맨이 될 것이다.

넷째, 최대한 다양한 방식의 언어를 활용하자.

말을 잘한다고 해서 꼭 소통을 잘하는 것은 아니다. 말 이외에도 영업사원이 활용할 수 있는 대화 수단이 있다. 시선과 표정, 그리고 손짓, 몸짓을 좀 남다르게 하여 나만의 브랜딩을 할 수 있다. 또는 작은 선물을 준비하여 자칫 지루할 수 있는 대화를 유쾌하게 만들 수도 있다. 그리고 기회가 된다면 약간의 스킨십을 활용하는 것도 좋다.

이런 비언어적 소통 방식이 오히려 언어보다 의사 전달을 더 쉽게 한다. 고객과의 논의가 끝을 모르고 치달을 때 환기를 시키는 차원에서 적절하게 활용하면 거래 성사가 더 수월하다. 그리고 이런 비언어는 평소에 연습을 하거나 미팅 전에 간단하게 리허설을 하는 것이 좋다.

다섯째, 협상의 마무리를 주도하라.

대화의 시작을 아무리 잘해도 마무리가 분명하지 않으면 좋은 대화가 아니다. 특히 오더 결정이나 계약서 확정 등의 거래는 끝맺음이 약하면 나중에 오히려 화를 입는다. 고객과의 대화가 달아오르기 시작할 때, 이미 마음속에서 어느 시점에 결론으로 뛰어들지 타이밍을 정해야 한다. 그리고 결론을 낼 수 있는 대안이 준비되었다고 생각하면 합의점을 도출하기 위해 뛰어들어야 한다. 너무 급해서 쓸데없는 말을 하거나 말실수를 하면 안된다.

고객이 먼저 너무 이른 결론을 내는 경우가 있는데, 이럴 때는 되레 시간을 끌어야 한다. 주도권을 잡아야 하기 때문이다. 상대가 결론을 제안할 때 얼떨결에 '예' 하고 쉽게 대답하면 안 된다. 대답하기 곤란하면 답변을 미루든가 결정권자에게 확인해보겠다고 해야 한다. 해결책이 보이지 않는 사안은 차라리 다음 미팅으로 미루어야 한다.

판을 만들어놓고 고객이 결론을 내도록 부탁하는 것도 좋은 방법이다. 이런 경우에는 고객의 약점이나 단점을 잘 포장하고, 장점을 부각한 다음 '당신이 결정만 하면 됩니다!'라고 치켜세우는 것이다.

합격하는
면접 비밀

좋은 인재를 알아보는 것은 가장 어려운 일 중의 하나다.

좋은 회사를 알아보는 것은 쉬우나, 마음에 드는 자리(포지션)에서 일하기는 어렵다.

위의 첫 번째 문장은 사장이나 인사담당자가 겪는 어려움이고, 두 번째 문장은 구직자에 관한 이야기다. 면접이라는 것은, 회사는 인재를 판단하고 후보자는 회사와 포지션을 판단하는 자리다. 일방적인 채용이나 구직이 아니다. 회사와 인재의 궁합이 맞아야 오래간다.

한 회사의 사장이 하는 일에서 면접이 차지하는 비중이 높다. 나는 열 명의 직원을 채용한다면 여덟아홉 명은 꼭 면접을 본다. 한 명의 직원을 뽑기 위해서 수십이나 되는 지원자의 이력서를 검토한다. 네다섯 명의 후보자를 추려 각 1차 면접 후 다시 두세 명으로 추린다. 최종 합격자는 세 차례 정도 면접을 한다. 한 사람을 채용하기 위해서 여러 직원의 노력과 시간이 필요하다.

하지만 이렇게 어렵게 채용한 직원이 첫 출근한 날 저녁에 퇴사하겠다고 말하는 경우도 있다. 인사담당자나 사장의 마음이 어떠하겠는가? 면접은 쌍방 소통이 중요하다. 소개팅할 때처럼 짧은 시간에 서로의 마음을 잘 알아보고 여러 가지 면을 살펴보아야 한다. 확신이 없으면 시간을 두고 다시 한번 만나서 마음을 확인해야 한다.

회사 입장에서는 인재 발굴, 인재 감별이 중요하다. 후보자 입장에서는 회사 발굴, 커리어 개발이 중요하다. 쌍방의 모든 조건이 부합하면 회사는 좋은 인재를 얻고 후보자는 성과를 이룩할 것이다.

경험을 바탕으로 성공적인 면접을 위한 방법을 얘기해보겠다. 두 가지 입장으로 나누었다. 면접관이 바라보는 성공하는 면접과 면접자가 바라보는 합격하는 면접.

우선 인재를 판단하는 방법 위주로 면접관이 바라보는 성공하는 면접을 풀어보았다.

첫째, 후보자의 작은 행동도 세심히 관찰한다.

생김새나 말솜씨만 보고 사람을 잘못 판단하기도 한다. 말을 잘해서 믿고 골랐는데 능력이 없거나, 면접에서는 너무 떨고 말을 못해서 탈락시켰는데 진짜 실력자인 경우도 있다.

이런 실수를 방지하기 위해서 면접 볼 때 후보자의 표정 하나하나, 행동 하나하나를 꼼꼼히 관찰해야 한다. 그간 면접을 통해 후보자들을 관찰한 결과, 정적인 분위기가 동적으로 변화되었을 때 후보자의 눈빛, 표정, 감정, 태도의 변화 등을 관찰하는 것이 그 사람을 판단하는 데 도움이 되었다. 다양한 상황에 처한 후보자의 반응을 보면, 실무에서 어떻게 대처할지 가늠해볼 수 있기 때문이다.

아래와 같은 상황에서 후보자들의 내면에 있는 성향이 밖으로 드러날 수 있었다.

1. 면접시간에 후보자보다 늦게 들어간 경우

회사에 따라 면접자가 면접실에 먼저 대기하는 경우가 있고 면접관이 먼저 들어가 있는 경우도 있다. 언젠가 급한 업무 처리 사항으로 면접시간에 늦어버린 일이 있었는데, 계획한 시간과 차이를 두고 만나게 되니 평소 면접 때 대화하면서는 볼 수 없던 것들이 보이는 것 같았다. 긴장한 상태로 기다려온 시간 때문에 오히려 더욱 긴장한 사람이 있는 반면 정해진 시간이 지나자 맥이 풀리는지 긴장을 놓쳐버린 후보자도 있었다. 그 상태에서 면접이 재개되니 흐트러진 마음을 어떻게 수습하는지, 어떤 말을 첫마디로 내놓는지를 통해 그 사람이 보였던 것이다. 좋은 인재는 첫 만남에 느껴지는 에너지가 확실히 다르다.

2. 갑자기 일어서서 발표하듯 대화하는 경우

한번은 형식적으로 마주 앉아 질의응답만 오고 가는 것이 답답하게 느껴져 마침 눈앞에 있는 화이트보드에 써가면서 경력을 확인하거나 전략에 대해 토론했던 적도 있다. 당황스러워하는 후보자들이 꽤 있었는데, 이때 대응하는 것을 보며 이 후보자가 실무에서 위기관리를 어떻게 극복해낼지 생각해볼 수 있었다. 또 일어섰을 때 발표하는 자세를 보면 자신의 의견을 여러 사람에게 전달하는 경험이 풍부한 사람인지 아닌지 보인다.

3. 속마음을 물어보는 경우

"혹시 이직 사유가 지금 상사가 싫어서인가요?"

"저희 회사 입사하셔도 얼마 못 다니는 건 아닌지…. 제가 어떻게 믿을 수 있을까요?"

누구나 직장을 그만두는 데는 이유가 있다. 개인적인 이유일 수도 있지만 후보자의 답변에 따라 그 사람이 무엇에 중점을 두고 어떤 가치관을 가지고 있는지 알게 되는 계기가 될 수도 있다. 만약 이직 사유가 상사와 사이가 좋지 않아서라고 한다면 그는 관계성을 중시하는 사람이고, 급여가 부족해서 혹은 업무량이 많아서라면 업무와 급여의 밸런스 중 무엇을 중시하는 사람인지 알 수 있는 것이다. 이에 따라 면접관이 후보자에게 제시할 수 있는 것도 달라질 것이라 생각한다. 놓치고 싶지 않은 인재라면 그 인재가 원하는 것을 제시할 수도 있는 것이다.

후보자의 입장에서는 당황스러운 질문이 될 수도 있다. 그러나 이런 질문에 유연하게 대처하고 안정된 모습을 보여주는 것 또한 면접관에겐 신뢰도로 작용할 것이다. 반면 안색이 변한 채 말을 흐리거나 잘못된 속마음, 거짓을 말하는 모습을 간파하여 후보자를 감별하는 것 또한 면접관에게는 하나의 방법이 될 수 있다.

둘째, 동문서답하는 후보자는 채용하면 안 된다.

어떤 후보자들은 면접관이 한 질문을 잘못 이해하고 답변한다. A를 물었는데 B를 설명하고 C에 대해 답변한다. What을 물었는데 Why를 먼저 얘기한다. 결론은 없고 변명만 하기도 한다. 면접관이 무엇을 묻고 있는지 어떤 의도를 갖고 있는지 파악하고 결론부터 얘기하고 설명하는 것이 좋다.

동문서답식의 앞뒤가 맞지 않는 이력서를 작성하는 후보자도 있다. 사실 확인하는 데 시간을 많이 보내야 하는 이력서는 결코 도움이 안 된다. 이력서 작성한 것처럼 실제 업무도 그렇게 할 것이다.

채용하고 있는 포지션에 대한 잘못된 이해를 하는 경우도 있다. 동문서답 소통이다. 채용공고에 나오는 서류상의 정보만 가지고 면접에 들어오면 낭패를 볼 수도 있다. 같은 이름의 포지션도 회사의 전략에 따라 직무 내용과 범위가 다르다. 상세 내용은 인사 담당과 미리 확인하고, 입사하고자 하는 회사에 대한 전반적인 정보도 살펴야 한다.

셋째, 리더십 스타일 파악과 주변의 평판을 동시에 검증한다.

아무리 좋은 인재라도 맡은 일이 어울리지 않거나 조직에 적응하지 못하면 퇴사를 한다. 면접관은 후보자의 기본 요건 판단과 함께 리더십 스타일을 파악하여, 해당 포지션에 맞는지를 판단해야 한다. 같이 일할 팀원들과 지내는 데 문제가 없는지도 검토해보아야 한다. 인재를 감별하는 것과 배치하는 것은 다른 얘기다.

언행일치가 되는 사람인지 판별하는 것도 중요하다. 면전에서는 '예' 하고 뒤에서는 실행이 부실하면 아무 쓸모가 없다. 계획하고 분석하는 총명함과 용기 있는 실행력이 있는 사람이 훌륭한 인재라

할 수 있다. 계획보다 실행력이 중요하다. 계획이 부실해도 실행력이 강하면 직장 업무를 헤쳐 나갈 수 있다.

면접을 아무리 면밀하게 해도 여전히 후보자에 대한 확신을 할 수 없다. 이런 경우에는 후보자 주변 사람들이 보는 객관적인 평판이 어떠한지 파악해야 한다. 사람의 품성과 행실은 언젠가 어디선가 드러나게 되어 있다.

다음은 면접자가 바라보는 성공적인 면접이다.

첫째, '나'라는 상품의 가치를 극대화하라.

직업을 가지고 일하는 사람들은 냉정하게 말하면 인력시장에 있는 상품이다. 대기업에 근무하는 사람도, 자영업을 하는 사람도, 일인 기업가도 자신이라는 브랜드 가치에 따라 승진도 하고 명성도 높아진다. '나'라는 상품의 특징과 가치를 개발하고 전달하지 않으면 아무 일도 일어나지 않는다. 같은 일만 계속 하거나 시장에서 잊혀가는 존재가 될 것이다.

이력서는 나를 알릴 수 있는 좋은 기회이다. 이력서에서 경력을 통해 내가 가진 가치의 희소성을 보여줘야 한다. 경력의 일관성과 풍성함도 중요하다. 자격증을 따고, 언어능력 점수를 높이는 것만으로는 충분하지 않다.

내 이력서를 보고 나의 경력을 솔직하게 평가한다면 이렇다.

나는 공대 출신이면서 MBA도 수료했다. 영업 경력도 짧지 않게 있고 마케팅 분야의 경험을 꾸준하게 키웠다. 대기업 경험도 있고 신사업 개발도 해봤다. 고객 서비스 영역으로 역할 확장도 했다. 재무는 MBA를 하면서 공부했고, 실전 경험도 쌓았다. 나의 상품화 전략은 계획과 실행, 이론과 실재, 그리고 문과 무를 겸비해서 나만의 가치를 개발하는 것이었다.

이력서만으로는 상품화가 완성되지 않는다. 이력서에 보이지 않는 것들이 더 중요하다. 이력서에 없는 내용을 면접을 통해서 보여줘야 한다.

면접은 하나의 연출이어야 한다. 나라는 상품을 소개하고 출시하는 것이다. 일련의 동선과 시간 관리, 복장과 표정 관리, 인사말과 질문 준비 등 마치 생방송 토론회 같다.

내가 면접을 본 사람 중에 첫인사가 인상 깊었던 후보자가 있다. 마치 나를 어제 본 것처럼 인사를 하는데, 그게 너무 과하지도 않고 자연스러웠다. 역시나 대화를 나누어보니 이력서와 품성이 일치했고 바로 채용할 수 있었다. 또 자신 있는 답변으로 내 마음을 움직인 후보자도 있었다. 회사 전략에 대한 질문을 했는데 기존 직원보다 더 논리 있고 방향성이 확실한 답변을 하는 것이었다. 면접 보기

전에 깊이 있게 공부하고 준비를 한 것이다.

면접은 '당신의 회사가 나라는 사람을 차지했을 때 가져가는 이익'을 보여주면 성공하는 것이다.

둘째, 고급 정보를 최대한 확보하라.

면접은 사실 정보 싸움이다. 채용하려는 회사는 인물에 대한 정보, 입사하려는 사람은 회사에 대한 정보를 제대로 확보해야 이기는 면접이 된다.

정보에도 등급이 있다. 누구나 알 수 있는 정보, 헤드헌팅 회사가 알고 있는 정보, 인사 담당자나 사장만 알고 있는 정보가 있다. 후보자 입장에서는 얻기 힘든 정보를 최대한 많이 확보해야 한다. 고급 정보를 가진 자가 승리한다.

그런 의미에서 후보자는 인사 담당과 친하게 지낼 수 있다면 좋다. 정말 가고 싶은 회사라면 겉으로 드러난 정보 이외에 인사 담당자에게서 상세한 정보를 캐내기 위해서 노력해야 한다. 사소한 정보라도 도움이 된다. 예측만 하지 말고 확인을 해야 한다. 면접관에게 정보에서 밀리면 면접 내내 끌려다닐 것이다.

수집된 정보가 논리가 있고 체계가 있어야 실수하는 답변을 줄일 수 있다. 질문도 통찰력이 느껴지게 준비할 수 있다. 정보가 부족

하거나 이해가 되지 않을 때는 오히려 면접관에게 물어보고, 이해의
수준을 끌어 올린 후 면접을 진행하는 것이 좋다.

셋째, 면접에도 협상 전략이 필요하다.

면접은 구조와 목적이 협상과 닮아 있다. 채용 과정 전체가 협
상이라고 해도 과언이 아니다. 다양한 이해관계자들과 대화하면서
밀고 당기는 싸움을 끊임없이 한다. 거래처럼 서로에게 남는 것이
없으면 마무리가 되지 않는다.

앞서 설명한 '상사와의 대화법', '고객과의 협상법'에 소개한 방
법들을 면접 과정에 적용해도 충분히 쓸모가 있다. 각각 일곱 가지
와 다섯 가지 방법을 설명했는데, 상황에 따라 적절히만 쓴다면 모
두 쓸모 있는 것들이다.

고객의 유형을 파악해야 협상이 수월하듯, 면접관의 지위와 성
향에 따라 면접에 임하는 자세를 바꿔야 한다. 표정, 손짓, 몸짓 등의
비언어적 표현이 중요하다. 맞장구를 치며 대화가 풀리도록 유도하
고 감정을 조절해야 한다. 말은 단순하고 명확하되 가볍게 시작하고
유쾌하게 마무리해야 한다.

면접관도 미리 목표를 설정하고 들어온다. 면접자를 마주하는
면접관 또한 긴장한다는 것을 알고 있어야 한다. 다 같은 사람이라

고 생각하면 마음이 편하다. 어려운 순간에 직면했을 때는 항상 사과하고 감사한다는 마음가짐으로 임하면 된다. 양보하는 자, 자신을 낮추는 자가 궁극의 승리자다.

6

독서로 꿈꾸는
CEO

독서할 수 있는
환경을 만들어라

독서가 즐겁다고 느낀 적이 있는가?

　스스로에게 묻고 답한다면, 나는 40세가 넘도록 즐거운 독서를 한 기억이 별로 없었다. 대부분의 경우 독서는 어렵고 힘들게 숙제 같이 해야 하는 것처럼 느꼈다.

　한때 독서를 열심히 하기 위해서 물리적인 환경 조성에 집중했던 기억이 난다. 내가 어디에 있어도 독서를 할 수밖에 없도록 만든다면 독서량이 늘지 않을까? 그렇게 집 거실 한가운데 TV 대신 6인용 테이블 구비, TV는 작은 방에 설치하거나 거실 구석으로 밀어 넣기, 방에 있는 큰 책장을 거실로 이동, 거실 바닥에 앉아서 독서할 수 있는 원목 좌탁(大) 제작, 아이들용 원목 좌탁 3개 제작, 침실 협탁 위에 스탠드 조명등 대신 책 놓을 공간 확보, 회사 사무실에는 독서대 소형 1개, 대형 1개 구비 등….

과연 효과가 있었을까?

조금 효과는 보았다. 독서 환경을 갖추니 일단 마음은 뿌듯했다. 거실에 책이 많아진 것을 보면 마치 금방이라도 모든 책을 흡수할 것처럼 보였다. 아이들도 자연스럽게 독서를 따라할 것 같았다. 하지만, 정작 문제는 나에게 있었다. 30분 이상 집중을 못하는 것이다. 직장에서는 방대한 영문 서류도 곧잘 읽고 소화하면서도 막상 집에서 '책'을 펼쳐놓고 읽으면 오래가지 못했다. 겨우 10분 읽고 쉬다가 다시 읽어보려 하면, 아이들이 보채서 나가서 놀아준다. 점심을 너무 많이 먹고 식곤증에 시달려 책에 손이 가질 않는다. 책 내용에 이해도가 부족하다는 생각이 들면 일단 멈춰버린다. TV 잠깐 보고 다시 읽기로 변심하는 등 핑계 거리가 너무 많았다. 나의 독서 근육이 정말 형편없던 모양이다.

책과 더 친해질 수 있는 다른 방법이 필요하다는 판단에 나는 고민하기 시작했다. 독서법에 대한 책도 읽어보고 심리 상태가 문제인지도 생각해보았다. 결국 마음의 환경을 만드는 것이 훨씬 더 중요하다고 생각했다.

골프 못 치는 데 만 가지 이유가 있다면, 독서 못 하는 데는 십만 가지 이유가 있다. 업무 때문에 시간이 없어, 미팅 들어가야 해, 저녁 약속 있어, 애들 때문에 안 돼, 집안일 도와줘야 해, 그냥 피곤해서 쉬고 싶어, 월드컵 봐야 해, 이번 UFC는 생방으로 봐야 해, 나중에 읽을 거야, 보고서 써야 해, 출장 가야 해, 경조사 챙겨야 해, 운전해서 피곤해, 책만 잡으면 졸려….

이 모든 상황이 실은 마음에서 비롯된 것이 아닐까?

반성하는 의미에서 스스로에게 물어보자.

'그렇게 바쁜데 스마트폰 볼 시간은 어떻게 나는지, 골프 라운딩할 시간은 어디에서 나오는지, 그리고 스크린 골프는 어떻게 그렇게 자주 칠 수 있지?'

준비되지 않은 마음의 핑계는 계속해서 이어졌다.

'유튜브 동영상은 어떻게 그렇게 자주 볼 수 있는지, 영화 보는 시간, 음악 들을 시간은 잘 만드네. 그리고 직원들하고 하루에 커피 세 잔씩 마시는 시간은? 해외여행은 5개월 전부터 철저히 준비?'

분명 다른 여러 가지 일에도 일정 이상의 시간을 쓰는데 독서할 시간은 왜 유독 나지 않는 걸까? 원인을 제대로 찾으면 쉽게 개선할 수 있다고 생각했다. 살면서 독서가 안 되는 원인 같은 걸 분석해본 적은 없었다. 나는 좀 더 객관적으로 자신을 바라보기 위해 독서할 때 나의 심리가 어떤 상태인가 분석해보았다.

- 공학 전공자이다 보니 꼼꼼하게 정독하고 다 이해하고 넘어가야만 한다는 초조함이 있다.
- 모르는 단어가 나오면 사전을 찾아보고 싶은 강박관념이 생긴다.
- 마치 책 내용이 시험에라도 나올 것 같은 부담이 있다.
- 이해가 안 되면 다시 읽기를 반복한다.
- 독서할 때 몸에 너무 힘이 들어가서 마음도 경직되는 것 같다.
- 눈에도 힘이 들어가서 쉽게 피곤함을 느끼고 인상도 찡그린다.
- 주변에서 작은 소리만 들려도 심하게 방해 받았다는 생각을 한다.

몸과 마음의 긴장을 걷어내면 좀 더 편한 독서를 할 수 있지 않을까 생각했다. 책을 읽을 때 나의 몸과 마음의 상태를 정리해보니, 일단 그런 초조함, 긴장감, 경직성을 없애는 것이 먼저라는 생각이 들었다. 그 뒤로는 이해가 되지 않아도 릴랙스하고 넘어가면서 읽기를 연습하였다. 단어 하나에 집착하는 것도 피했다. 신기하게도 효과가 있었다. 독서가 훨씬 편해지고 생각도 여유로워졌다.

독서법에 대해 관심을 가지면서 알게 된 김병완 작가의 〈퀀텀 독서법(2017)〉에 나오는 독서력 향상 스킬을 실습하면서 실로 놀라움을 금치 못했다. 수십 가지의 다양한 독서 스킬이 있었는데, 간단한 뇌 자극 스킬 두 가지만 소개하겠다.

첫 번째, 왼쪽 눈으로만 읽는 '한쪽 눈' 스킬

방법은 간단하다. 오른쪽 눈을 감고 왼쪽 눈으로만 책을 읽는 방법이다. 오른손으로 오른쪽 눈을 가리고 읽어도 된다. 왼쪽 눈으로만 책을 읽으면 우뇌가 자극되고 단어 하나하나를 읽기보다는 한 줄 또는 문단 전체를 한꺼번에 읽는 듯한 느낌을 받는다. 왼쪽 눈으로만 5분 정도 읽고 다시 양쪽 눈으로 5분 읽고, 다시 왼쪽 눈으로만 5분 읽기를 반복하면 책 읽기 속도가 향상되는 것을 느낄 수 있다. 처음에는 이해도가 많이 떨어질 수 있으나 반복 훈련하면 이해도 또한 증가한다.

두 번째, 책을 45도 기울여서 읽는 '시공간 자극' 스킬

기울기 방향은 오른쪽이든 왼쪽이든 상관없고 90도 기울여 읽어도 비슷한 효과가 있다. 처음에는 상당히 어색하지만 5분 기울여 읽기 후 다시 정상 읽기를 해보면 읽기 속도가 증가하는 것을 느낄 수 있다.

위의 방법으로 겨우 한 달 정도 훈련했을 뿐이지만 책읽기 속도가 세 배 이상 증가했고, 생각의 속도 또한 훨씬 빨라지는 것을 느꼈

다. 독서가 즐거워졌다.

직장에서도 독서하는 즐거움을 꼭 찾아야 한다. 자투리시간에 한 페이지를 읽더라도 잠시 업무를 잊어버리고 집중하면 즐거움을 찾을 수 있다. 업무와 업무 사이를 비집고 들어가면 독서할 수 있는 시간을 만들 수 있다. 독서는 직장인들에게 가장 중요한 자기계발 방법이라고 생각한다.

대한민국 직장인들은 독서하기를 두려워한다. 직장이라는 공간에서 책을 읽는다는 것이 자연스럽지는 않을 것이다. 업무와는 별개의 개인적인 시간이라는 고정관념이 있고 상사에게도 눈치가 보인다. 우리의 직장문화는 독서문화를 허락하지 않는다. 하지만 더 큰 장벽은 여전히 자기 자신이다. 내 안에 있는 단단한 벽을 허물지 않으면 뛰어넘을 수 없을 것이다.

가끔 이런 꿈을 꾸어본다. 직장에서 모든 직원이 독서를 할 때는 방해받지 않을 권리가 있다면! 사무실에서 매일 1시간 이상 직원들이 독서를 할 수 있다면! 직장인들이 일주일에 한 권씩 독서를 한다면! 그럼으로써 회사에서 직원들의 아이디가 넘쳐나고, 직원들 간 소통이 활발해지고, 서로 더 깊은 이해를 할 수 있고, 업무 효율이 증가하고, 회사는 더 빠르게 성장하는 꿈을…

독서 수준이 아직 너무나 낮은 내가 독서 실천 가이드에 대해서 얘기한다는 것이 부끄럽다. 업무 관련 자료는 수없이 많이 읽으면서도 1년에 교양서적 한 권도 못 읽던 시절도 있었다. 나는 공대 출신이니까 전공 관련 서적에만 충실하면 된다고 스스로 합리화하기도 했다. 바쁜 직장인들이 다 그렇지 하면서 스스로 변명하기도 했다.

하지만 높은 지위로 올라갈수록 독서와 인문의 필요성을 많이 느낀다. 한국지사장이 된 뒤로는 더더욱 그랬다. 마케팅, 재무 등도 중요하지만 인사 및 조직 운영이 원천적으로 더 중요하다. 업무 중심보다는 사람 중심의 경영이 더 중요하다고 생각했다. 억지로라도 나를 새로운 영역으로 밀어넣어야 했다. 마치 인사 분야의 전문가인 것처럼 토론도 해야 하고 어려운 결정도 해야 했다. 직원들을 이해하기 위해서라도 독서가 절실히 필요했다.

나의 독서 실천 경험을 비유하자면 마치 재활훈련과 같은 느낌이 든다. 교통사고로 발목을 심하게 다친 사람이 뼈가 붙은 뒤 굳어진 근육을 다시 살리기 위해 걷기 훈련을 하는 것. 조금씩 꾸준하게 운동량을 늘리면서 왼발, 오른발의 균형을 맞추는 것. 자연스럽게 걷게 되고 가볍게 뛸 수 있는 상태가 되는 것. 조금씩 희망을 키워가고 기뻐하는 것. 평범한 것에 행복하고 만족하는 것. 얼어붙은 사고방식을 서서히 녹이는 것. 오랫동안 잊고 있던 독서 근육에 즐거운 자극을 주는 것. 이런 것이었다.

그렇다면 과연 독서가 직장 업무에 도움이 되는가?

분명히 도움이 된다고 생각한다. 독서가 당장 눈앞에 놓인 업무와 무관한 것처럼 보여 도움이 되지 않는 것처럼 느낄 뿐이다. 아니면 잘못된 독서를 해서 도움이 안 되는 것이다. 독서와 업무를 분리해서 생각할 필요 없다. 독서를 한가한 시간이 날 때 하는 것으로 생각하면 안 된다. 없는 시간도 만들어서 독서를 해야 한다. 공식 업무시간에 책을 펼치기 어렵다면, 30분이라도 일찍 출근해서 시도해보자. 이조차 어렵다면 점심 전후의 자투리시간도 좋다. 출퇴근시간을 이용하는 것도 아주 좋은 방법이다. 스마트폰 대신 책을 들고 다니는 모습이 더 아름답다. 주변에서 누가 뭐라고 해도 자주 책을 펼치다 보면 익숙해진다. 이렇게 세 달 동안 매일 1시간 독서를 하면 뭔가 변화가 생긴다.

내가 느낀 가장 큰 변화는, 뇌를 쓰게 된다는 것이다. 우리는 주어지는 것이 너무나 많아서 스스로 생각하는 법을 잊어버리고 산다. 어디를 가도 누구와 있어도 광고, 음식, 문서, 동영상 등의 공급 과잉으로 생각할 틈도 없이 정보가 일방적으로 흘러 들어온다. 독서를 하게 되면 이런 상황을 다시 살펴보고 재해석할 수 있다. 자신만의 생각을 넣어서 다른 관점에서 바라볼 수 있는 것이다.

고정관념을 깨고 본질을 파악한다. 이 변화는 직장 업무의 효율을 높인다. 업무 과잉으로 아무 생각 없이 출퇴근만 하던 자신을 다시 돌아보게 된다. 상사의 지시에 어떻게 효과적으로 대응해야 하는지, 업무 프로세스가 나에게 최적화된 것인지, 새로운 방식의 보고서 작성이 가능한지 등을 생각한다. 생각한 후에 시도하고 실패하자. 개선하고 다시 실행하자. 머지않아 달라진 자신을 발견할 것이다.

업무 사이사이 여백 같은 시간에 독서를 한다면, 한 폭의 산수화 같은 직장생활이 가능하다.

여백이 아름다우면 당신의 업무가 빛날 것이다!

어떻게 하면 직장에서 업무의 여백을 더 아름답게 할 수 있을까?

독서가 직장 업무에 도움이 된다고 설명하였다. 자투리시간, 출퇴근시간 등에 독서할 것을 권장하였다. 현실에서는 여전히 실천하기 어렵다. 이를 위해서 직장문화가 변해야 한다. 근무시간에 책을 읽는 것이 눈치 볼 일이 아니고, 자연스러운 일이 되어야 한다.

독서를 업무와 연결하여 직원들의 창의력을 향상시켜야 한다. 자신이 하는 일과 단계에 맞는 독서법을 통해 성공적인 직장생활이 가능하다. 업무와 직접적인 연관이 없어도 독서를 하면 자기계발을 할 수 있다. 억지 독서를 줄이고 실천하는 독서, 성공하는 독서를 해야 한다. 이를 위해서 CEO의 의지가 제일 중요하다!

직장 내 독서문화를 만들기 위한 나의 계획은 이렇다.

첫째, 공식 근무시간에서 30분을 독서하는 시간으로 한다.

매일 의무적으로 30분이다. 전 직원이 함께 같은 시간에 하면 회사 운영상 문제가 되므로, 부서별로 다른 시간을 배정하는 것이 좋다. 인사부에서 30분 독서 가이드라인을 만들어야 한다.

둘째, 독서와 글쓰기를 인사고과에 반영한다.

30분 의무 독서 외에도 개인별로 읽은 책의 목록을 만들고, A4 한 페이지 정도 독후감을 쓰도록 한다. 독서 근육을 단련하기 위해서는 어쩔 수 없다. 억지로 자신을 밀어넣고 고비를 넘겨야 한다. 고비를 넘기면 훨씬 편해진다. 책을 출간하는 직원에게는 더 좋은 복지혜택을 준다.

셋째, 독서 동아리를 만든다.

문화를 만드는 데는 동아리가 더 큰 역할을 할 것이다. 사장님이 동아리 대표가 돼서 매주 1시간, 독서에 관한 이야기를 직원들과 함께한다. 직원들이 자유롭게 독서할 수 있는 공간도 만드는 것이 좋다. 직장에 있는 카페를 개조해서 독서 공간을 더 만들고, 사무실에 책장도 만들어 언제든지 교양도서를 접할 수 있도록 환경을 구성한다.

근무시간이 줄면 업무량을 소화하지 못할 것이라는 착각을 버리자. 근무시간이 30% 줄어도 생산성을 50% 높이면 아무 문제 없다. 이를 위해서 독서가 필수라고 생각한다. 독서 경영이 가능하다고 믿는다. 이것을 대한민국 모든 직장에 확대 적용하면 어떨까?

올바른 국가의 정책과 예산이 있다면 가능하다. 국회의원 선거가 있을 때마다 후보자들은 달콤한 공약으로 유권자들을 유혹한다. 도로를 만들겠다, 일자리를 늘리겠다, 세금을 올리겠다 등 여러 가지 공약을 내세우지만, 한국을 독서강국으로 만들겠다는 공약은 들어본 적이 없다. 정말 안타깝다. 국회의원들이 전 국민 독서 활성화에 관한 법을 만들고 예산을 투입한다면, 한국은 세계 최강국으로 거듭날 수 있을 것이다. 아쉬운 대로 그 시작을 직장에서부터 할 수 있도록 앞서 설명한 나의 '독서문화 만들기' 계획을 곧 실행할 생각이다. 대한민국을 독서강국으로 만들기 위해 조금이나마 보탬이 되고 싶다.

여러 권
한꺼번에 독서하라

독서를 좋아해도 여전히 대부분의 직장인들이 시간적인 제약을 심하게 느낀다. 연속되는 미팅에 추가적인 리포트와 후속 조치가 발생하고, 분기별 프로젝트도 관리해야 한다. 갑작스러운 출장이 잡히고 퇴근시간 후에 미팅이 이어지기도 한다. 글로벌 기업의 경우 국가별 시차로 인해 늦은 밤이나 새벽에 미팅이 잡히기도 한다. 시간이 없다. 독서는 어느새 쌓여가는 업무에 잊히고 연중에 한번 희망 사항처럼 나타났다 다시 사라진다.

보통의 경우라면 한 권의 책을 이어서 완독하는 것이 좋다. 하지만 이상하게도 나는 같은 책을 늘 들고 다니면서 독파하는 것이 더 어려웠다. 그래서 내가 움직이는 동선마다 책을 두기로 하고 읽기 시작했다. 처음에는 어색하고 어려웠는데, '여러 권 여러 곳에서 독서하기'에 익숙해지니까 나름 새로운 독서기법이 생겼다. 한 권을 끝까지 읽는 것보다 훨씬 효율이 높았다.

내가 시도해본 구체적인 독서시간, 공간 활용의 예를 들겠다.

- 성당 미사시간을 활용한 성경 독서
- 차 안에서 독서 : 운전석 도어 수납 공간에 독서법에 관한 책, 조수석 쪽엔 고전 관련 책.
- 여행용 가방에 마케팅 서적. 매는 가방에 소설책 한 권.
- 출장 시 비행기 안에서 읽을 수 있는 책 항상 준비.
- 안방 침대 협탁 위에 육아 관련 책.
- 사무실 책상 위에 마케팅 서적. 책장에는 재무 관련 서적.
- 나들이 가방에 책 넣을 공간 확보, 가족들과 커피숍에서 책 읽기.
- 가족들과 대형 서점, 동네 도서관에서 새로운 책 찾아 읽기.
- 아이들 숙제할 때 아빠는 독서. 아이들과 놀이터에 갈 때도 책은 챙길 것.
- 직장에서 점심 일찍 먹고 독서. 또는 독서 먼저 하고 점심은 늦게 혼자.
- 직장에 일찍 출근하여 독서 및 글쓰기.

처음에는 목차, 서문만 보고 한 페이지 정도 읽다 덮어버렸다. 모든 장소에서 그렇게 했다. 하지만 조금씩 스토리가 쌓이고 주제 및 장소를 바꾸어가며 읽다 보니 신기하게도 오히려 집중력이 향상되었다. 장소가 바뀌는 순간 여기에 무슨 책이 있었더라 하면서 그 전에 읽었던 부분을 되새기는 연습도 저절로 하게 된다. 1분 정도만 읽으며 주제와 인물을 연결하니, 마치 독후감을 쓰듯이, 독서평을 하듯이 머릿속에 정리가 되었다. 투자한 시간에 비하면 기억도 오래 남고 책을 덮은 후에도 핵심 정리를 하게 된다. 읽지 않은 부분의 내용을 예측해보기도 한다. 권장해서는 안 되겠지만 차가 심하게 막힐 때도 책 한 문단 정도 읽게 된다. 신기하게도 뇌리에 더 오래 남고 주변 시야도 넓어지는 느낌이 든다.

골프보다
즐거운 독서

나는 골프를 좋아한다. 넓게 뻥 뚫린 푸른 잔디 위에서 눈부신 햇살을 받으며 날리는 티샷만큼 상쾌한 것이 어디 있으랴! 파 3홀에서 정교한 아이언샷이 백스핀으로 홀인원이 될 때보다 더 기쁜 순간이 어디 있으랴! 15미터 롱퍼팅 버디샷이 그림같이 홀로 빨려 들어가면 그린 위에서 하늘로 날아갈 듯하다. 전반 9홀을 마치고 마시는 생맥주보다 더 시원한 것이 어디 있겠는가!

하지만 모든 것이 처음엔 배우기가 어렵듯이 골프도 마찬가지로 나에게 정말 어려웠다. 안 쓰던 근육을 써야 하고 다른 구기 종목과는 전혀 다른 운동신경이 필요하다. 연습을 아무리 해도 실력이 좀처럼 늘지 않는 것 같았다. 작은 실수가 큰 스코어 차이를 만들기도 하고 멘탈이 조금만 흐트러져도 더블파를 하기도 한다. 그래도 어느 정도 수준에 이르면, 배우는 기쁨을 알게 된다. 보기플레이 정도의 실력에 이르면, 싱글이 되고 싶은 꿈을 꾼다. 프로골퍼의 스윙을 따라 하게 되고, 각종 골프 장비도 바꾸어보게 된다. 메이저 대회에 갤러리로 참석해보기도 하고 해외 전지훈련도 간다. 점점 미쳐가는 것이다.

독서도 마찬가지다. 처음엔 너무 어렵다. 손이 잘 안 가고 책이 펼쳐지지 않는다. 펼치면 목차와 서문을 훑어보고 본문 3페이지 정도 읽다 지쳐버린다. 하지만 일단 어느 정도 몸과 마음에 독서 근육이 생기면, 책 읽기가 즐거워진다. 이때 골프 스윙할 때처럼 힘을 빼서 읽으면 더 잘 읽힌다. 내가 독서 천재라고 생각하고 페이지를 스캔하면 마치 내용이 머릿속에 다 들어오는 것 같다. 다양한 장르의 책에 도전해보게 되고, 때로는 맛있게 소화한다. 그리고 나도 글을 써보고 싶다는 생각을 하고 책을 한 권 쓰고 싶은 마음까지 생기게 된다. 점점 빠져 들어가는 것이다.

골프와 독서를 비교해보니 많이 닮았다. 하지만 둘 중 하나의 취미 습관을 선택하라면 나는 독서를 택하겠다. 골프를 통해서 얻을 수 있는 것도 많지만 독서만큼은 아니다. 골프가 주는 즐거움을 포기하고서라도 독서는 계속하고 싶다. 읽고 사유한다는 그 자체가 즐거움이다. 독서에 좀 더 익숙해지면 18홀 라운딩할 시간에 책 한 권을 읽을 수 있다. 실제로 같은 시간에 얻을 수 있는 것도 더 많다.

하나의 예를 더 들어보자면 나는 TV 보는 것도 좋아하는데, TV는 다양한 정보를 실시간으로 제공하며 인터넷 강의도 들을 수 있고 취미도 배울 수 있다. 많은 역할을 수행하는 TV는 심지어 화면도 점점 좋아지고 기능도 계속 확장되고 있다. 세상에는 많은 네모가 있다. TV, 노트북, 태블릿, 스마트폰 등 모두 네모다. 책도 네모다.

하지만 책과 다른 네모들 사이에는 아주 중요한 차이점이 있다. 책은 '나로부터 시작'하고 다른 네모들은 '그것들로부터 시작'하는 것이다. TV는 영상과 음성 정보의 이동이 TV로부터 시작한다. 우리가 선택할 여지가 없이 채널을 돌리면 그 정보들이 나에게 달려온다. 생각할 틈을 안 주고 질문도 받아주지 않는다. 오는 정보가 많으므로 집중해야 하고 우리는 그 정보들을 싫든 좋든 받아들여야 한다. 그래서 TV를 바보상자라고 하는 모양이다. TV 속에서 남들이 즐기는 것을 보고만 있고 나는 계속 쳐다봐야 하니까. 실제로 TV를 매일 하루에 5시간 이상 본다면 바보 같은 사람이 될 확률이 높다. 내 생각이 줄어드니까….

다시 정리하자면 정보 및 생각의 흐름 기준으로 볼 때, '책은 양방향', 'TV는 일방향'이다.

책을 읽는 행위는 인간만이 할 수 있다. 네모난 종이 위에 작가가 써놓은 정보 및 생각을 독자가 받아들이고, 독자는 다시 본인의 생각을 입혀 해석하고 발전시킨다. 눈을 통해 들어온 생각의 덩어리들을 후뇌엽, 전뇌엽, 측두엽, 두정엽 등을 가동해 재인식하고 분석한다. 책을 읽어가면서 이런 쌍방향 대화를 계속하게 된다. 쌍방향 소통을 잠시 멈추고 혼자 생각하는 시간 조절을 할 수도 있다. 정보의 순서를 바꾸어 받아들일 수도 있고 속도를 바꾸는 것도 가능하다. 독서란 끊임없이 책과 대화하는 것이다.

TV는 보기는 아주 쉬운데 안 보기는 정말 어렵다. 때로는 안 볼 수가 없다. 'TV 안 보기'를 훈련하는 것이 골프와 독서 훈련하기보다 더 어렵다. 그런데 내 생각에는 'TV 안 보기'를 훈련하는 것보다 '독서 더 많이 하기'를 훈련하면 자연스럽게 'TV 덜 보기'는 할 수 있다. TV는 정말 필요한 정보가 있을 때 보자. 독서의 기쁨을 알게 되면 TV 보는 시간이 아까울 것이다.

'골프 적당히 치기'와 'TV 덜 보기'에 성공하고 그 시간에 독서를 하자. 아니 독서하는 시간을 즐겁게 만들어 골프와 TV를 줄이자. 달라진 자신을 발견할 것이다. 업무의 속도가 증가하고 승진의 속도도 증가할 것이다.

가정과 육아와
독서

집안일과 독서는 별개인가? 나는 오랫동안 집안일 하는 시간과 독서
하는 시간을 따로 내야 한다고 생각했다. 가정과 육아는 독서와 별
개라는 생각을 한 것이다. 시간 계획을 나름 했지만, 현실적으로 어
느 것 하나 제대로 실행하지 못했다.

　독서는 자기계발이라는 고정관념을 던져버리자 오히려 내가 원
하던 시간이 생겼다. 혼자 하는 독서가 아니라 같이 하는 독서로 '가
족계발'이 가능했다. 아이들이 혼자 읽을 수 있는 책, 부모와 함께 읽
을 수 있는 책, 그리고 부모가 읽으면 좋은 책을 구별하여 놓았다. 아
이들 책은 자연스럽게 꺼내 볼 수 있도록 눈높이에 맞게 책장에 정
리했는데, 예를 들어 초등 고학년 아이들과 함께 읽기 좋은 책으로

〈채근담〉이라는 책이 있다. 300가지 이상의 주제가 있는데 순서에 상관없이 골라서 아이들과 함께 얘기하기에 좋다. 한 주제에 대해 10분 정도라도 질문하고 대답하면 자연스럽게 자신의 생각을 얘기하고 상상의 나래를 펴기도 한다.

어떠한 종류의 책을 읽더라도 부모가 먼저 책 읽는 모습을 보여주는 것이 중요하다. 어려운 책일지라도 부모가 책 읽는 모습을 보고 아이들이 따라한다. 아빠가 거실에서 TV를 보지 않고 책을 읽으면, 아이들이 다가와서 엉뚱한 질문을 시작한다.

"아빠! 이 책은 왜 노란색이야?"

"출간이 무슨 뜻이야?"

"나도 좀 읽어볼래~"

자연스럽게 책에 대해서 풀어서 설명하게 되고 대화를 나누게 된다. 육아는 먹고 입히고 재우는 것도 중요하지만 부모와 대화가 많아지면 많아질수록 좋다. 책 읽기와 육아를 연결하면서 아이들과 자주 대화를 하게 되었고 대화 내용도 풍성해졌다.

아이들에게 공부해라! 책 읽어라! 문제집 풀어라! 일방적으로 지시할 필요 없다. 나 역시 어릴 때부터 지겹게 들은 얘기고 아빠가 돼서도 많이 했던 말이지만 지금 생각하면 가장 좋지 않은 교육 방법 중의 하나였다. 부모가 기다리는 시간을 주어야 아이가 생각을 할 수 있다. 공부해라! 말보다는 그냥 부모가 공부하는 모습을 보여 주면 된다. 책 읽어라! 두 말 하면 잔소리, 세 말 하면 악담이 된다. 부모가 책 읽는 것을 보여주는 것이 제일 효과가 좋다. 거실 테이블 위에 부모가 먼저 책을 펼쳐놓고 그것을 읽자. 주방 식탁 위에 책을 놓고 독서하는 모습을 보여주자. 아이들 공부방에 가서 같이 책을 읽자. 가족과 함께 커피숍에 가서 책을 꺼내 읽자! 아무도 이상하게 바라보지 않는다. 부모가 지속해서 독서하는 모습을 보여주면 아이 들은 자연스럽게 따라 하게 될 것이다. 그리고 읽은 책이나 내용에 대해서 서로 대화를 주고받는 연습을 해보자. 아이들의 뇌가 작동하 기 시작하고 무한한 상상력과 미지의 세계로 날아갈 것이다.

유대인들의 가정교육이 바로 이러할 것으로 생각한다. 유대인 중에는 노벨상 수상자가 많고 글로벌 기업 CEO들이 많다. 전 세계 인구의 0.2%밖에 안 되는 유대인이 포춘 500대 기업 CEO 중 10% 나 차지한다. 한국의 직장인이 가정과 회사에서 독서를 통한 대화와 토론을 많이 한다면, 유대인 못지않은 잠재력을 발휘할 것이라고 생 각한다.

글쓰는
CEO

'글 읽기는 씨앗이오, 글쓰기는 꽃이로다.'

　원래 우리 집안에 내려오던 가훈은 '정직과 성실'이었는데, 독서와 글쓰기를 생활화하면서 가훈을 바꾸었다. 언젠가 운전을 하다가 뜬금없이 이 문구가 떠올랐다. 아이들에게 독서를 강조할 수 있는 문장이 무엇인지 고민하다가, 독서와 글쓰기를 연결하는 것이 좋겠다고 생각했다. 글을 읽는 것은 농부가 씨앗을 뿌리는 것과 같고, 글을 쓴다는 것은 씨앗이 자신을 파괴하고 아름다운 꽃이 되는 것과 같다. 똑같은 글을 읽어도 읽는 사람에 따라 자신만의 생각과 상상을 한다. 같은 종류의 씨앗이더라도 자연에서 영양분을 흡수하는 시간과 양에 따라 다른 모양의 꽃을 피운다. 자식들이 글 읽기와 글쓰기를 통해서, 자기 인생을 살기를 바라는 마음으로 가훈을 정하였다.

글 읽기와 글쓰기를 병행하면 생각이 유연해지고 풍성해진다. 글을 읽기만 하면 많은 생각이 스쳐 가지만 이내 사라지고 기억이 나질 않는다. 책을 읽으면서 책과 대화하고 생각을 펜 끝에 옮기면, 여러 생각을 정리할 수 있고 새로운 생각도 하게 된다. 나이와 직업에 상관없이 신선한 자극이 생기고 새로운 창의력도 자란다.

글 읽기로 씨앗을 충분히 뿌렸다고 생각하면 글쓰기를 해야 한다. 직장에서 지위가 올라갈수록 책을 더 많이 읽고 글도 써야 한다. 업무하면서 나누는 대화로는 전달할 수 없는 그 무언가가 있다. 그것은 글로 표현할 때 더 쉽고 강하게 전달할 수 있는 무엇이다. 부서장이나 임원급이 되면 자기 분야의 내공이 쌓이고 철학도 생긴다. 직장인이 경험과 생각을 담아서 책을 출간할 정도가 된다면 직장생활을 어느 정도 완성한 것이다. 글쓰기, 시작이 어렵고 꾸준하게 쓰기는 더 힘들지만 책 한 권을 완성할 내용이 있다면 언제든 도전할 만한 가치가 있다.

CEO라면 책 한 권 이상 쓸 각오를 하고 근무해야 한다. 각오해야 하는 이유는 CEO의 업무 일정에서 글쓰는 시간을 만들기가 쉽지 않기 때문이다. 어릴 때부터 글을 써온 사람이 아닌 이상 미친 듯이 집중해서 써 내려가야 가능하다. 한 권의 책 속에 자신의 인생과 비전, 리더십을 담아내야 한다. 경험하지는 못했지만 글쓰기에도 삼매경이 있다고 한다. 20년 정도 직장 경력을 책에 쏟아내려면 깊이 빠져들어야 생각을 정리하고 제대로 표현할 수 있다. 인고의 고통 끝에 어느 날 아침 신비롭게 꽃이 필 것이다.

왜 유명한 사람들이 책을 쓸까? 한 분야의 전문가가 되고 최고의 자리에 오르는 것은 자신만의 꽃을 피우는 것이다. 그 과정을 책으로 표현한다면 꽃을 더 아름답게 빛내줄 것이다. 유명인들이 책을 출간하는 이유는 살아온 인생을 정리하고 성공스토리를 통해 대중과 소통하기 위함이다. 말보다 글로 표현해야 더 효율적인 소통이 되는 경우가 많다. 깊이 있는 인생의 경험은 글로 써야만 진정한 표현이 가능하다.

말과 글과 행동이 일치했던 두 명의 CEO를 소개하겠다. 바쁜 일정에도 글 읽기와 글쓰기가 더 중요하다고 믿으며 살고 있는 분들이다. 글은 생각을 담아내고 실제로 행동할 수 있도록 도와주는 힘이 있다.

마이크로소프트의 창업자인 빌 게이츠(Billgates)는 〈빌게이츠 @ 생각의 속도〉라는 책을 썼다. 원서의 제목인 〈BILLGATES, BUSINESS @ THE SPEED OF THE THOUGHT〉가 실제 내용을 더 정확하게 표현한다고 생각한다. 생각의 속도로 움직이는 비즈니스의 미래를 명쾌하게 꿰뚫어 보고 있다. 1999년에 출간된 책인데 빌 게이츠는 그때 이미 스마트폰 등의 휴대용 기기가 PC를 대체할 것으로 예측했다. 생활 주변의 사물이 인터넷과 연결될 것이며 정보의 흐름이 무엇보다 중요해질 것을 말했다. 그리고 지금, 그가 예측한 미래가 이미 현실이 되어 있다. 20년 앞을 내다보고 독자들에게 자상하게 설명하기 위해 글을 썼을 빌 게이츠를 떠올리며 깊은 감명을 받았다. 원서로는 소주제 몇 가지만 읽었는데 나중에 원서 전문을 구해서 읽을 생각이다.

나는 SNS에서 빌 게이츠를 팔로우(Follow)하고 있는데, 그는 환갑이 넘은 나이에도 왕성하게 활동 중이다. SNS를 통해서 독서 추천을 자주 하고, 'www.gatesnotes.com' 인터넷 링크에 들어가면 그가 쓴 글과 좋아하는 책들을 볼 수 있다. 빌 게이츠의 인터넷 서재라고 보면 된다. 글 읽기와 글쓰기가 몸에 배어 있음을 알 수 있으며, 그의 꿈과 비전 또한 쉽게 이해할 수 있다.

GE의 전 회장인 잭 웰치(Jack Welch)의 〈위대한 승리〉, 원제 〈WINNING〉은 직장생활 전반에 좋은 지침서가 되었다. 비즈니스 원칙부터 위기 관리, 리더십, 해고, 전략, 예산 수립, 변화, 승진, 인수합병 등 고민이 있을 때마다 자연스럽게 펼쳐보았다. 승리하는 기업이 되기 위한 그의 생생한 경험과 충고가 아직도 눈에 선하다. 중간 관리자급 이상의 직장인들이 참고하기에 좋다. 미국 기업인들이 고민하는 문제와 한국 기업인들이 겪는 문제는 근본적으로 크게 다르지 않다.

잭 웰치는 비즈니스를 완성하는 데 그치지 않고, 본인의 생각과 경험을 나누기를 원했다. 전략과 리더십에 대한 수많은 강연을 하였다. 잭 웰치 역시 책이라는 것이 대중과 소통하는 가장 좋은 방법 중의 하나라고 믿었을 것이다.

CEO는 책을 읽는 것만으로는 충분하지 않다. 책에서 얻은 지식과 지혜를 어떻게 전달하고 적용하는가가 더 중요하다. 말을 잘해서 직원들에게 희망과 용기를 줄 수도 있지만, 글로 생각을 표현해야 완성도가 높은 소통이 된다. 글쓰는 CEO가 많아지면 한 나라의 경제도 성장한다고 생각한다.

인류는 '우주'라는 대기업에서 '지구'지사에 근무하는 직장인이다. '대한민국'이라는 부서에는 3,000만 경제활동 인구가 근무하고 있다. 우주의 한구석에서 의미 있는 존재로 남으려면, 우리가 서 있는 지금 여기에서 항상 최선을 다하고 감사해야 한다.

직장인,
즐거운 퇴근길을 걷다

"당신의 퇴근길은 즐거우신가요?"

이 책을 읽은 후에, 이 물음에 '예'라고 말할 수 있는 사람이 더 많아진다면 더는 바랄 것이 없다. 오늘 퇴근하면서 직장을 때려치울 생각을 했던 독자분이 새로운 마음가짐으로 내일 즐겁게 출근하기로 결심했다면, 나의 글쓰기는 성공한 것이다.

퇴근길이 즐겁다면 그만큼 출근길도 즐거워야 한다. 직장 안의 인생과 직장 밖의 인생이 크게 다르지 않다. 마치 직장을 때려치우면 많은 고민이 해결될 것 같지만, 직장 밖에서는 더 큰 문제가 기다리고 있다. 알고 보면 직장 밖의 세상은 직장 안의 삶과 닮아 있다. 직장을 그만두고 자영업을 시작하는 경우가 많은데 자영업 또한 직장이나 다름없다. 퇴사하고 집에서 잠시 쉬다 보면 가정이라는 울타리 또한 직장에서의 스트레스 상황과 비슷하다는 것을 알게 된다. 학교를 가도 학원을 다녀도 구조적으로 회사에 출근하는 것과 다르지 않다.

무언가를 때려치우기 전에 최선을 다했는지, 다른 현명한 방법은 없는지 다시 한번 돌아보자. 직장 안에서 실패했다면 직장 밖에서도 실패할 확률이 높다. 직장 안에서 성공한 사람은 직장 밖에서도 성공할 자신이 있다.

때려치우려면 한 번이라도 제대로 성공하고 멋있게 때려치우자.

우리는 인생이라는 직장에 다니고 있다.